Arya-Marga, der Pfad zur Seherschaft

Praktische Einführung in den Okkultismus der Upanishaden

Willy Adelmann-Huttula

Verlag Heliakon

Verlag Heliakon

Umschlaggestaltung: Verlag Heliakon
Titelbild: Pixabay (geralt)
Herstellung: BoD - Books on Demand, Norderstedt

www.verlag-heliakon.de
info@verlag-heliakon.de

ISBN: 978-3949496-16-5

Die Deutsche Nationalbibliothek verzeichnet diese Publikation in der Deutschen Nationalbibliografie; detaillierte bibliografische Daten sind im Internet über www.dnb.de abrufbar.

Inhaltsverzeichnis

Wo der Geist ohne Furcht ist, das Haupt man hoch trägt,
Wo Erkenntnis frei ist,
Wo die Welt nicht zum Bruchstück von engen häuslichen
Mauern wird,
Wo Worte aus Tiefen der Wahrheit kommen,
Wo unermüdet das Streben den Arm zur Vollkommenheit ausstreckt,
Wo der klare Strom der Vernunft seinen Weg nicht
verliert in dem trockenen Sand der Gewohnheit,
Wo der Geist, von dir geleitet, zu immer sich weitendem
Denken und Handeln geführt wird —
Zu diesem Himmel der Freiheit, lass, Vater, mein Land du erwachen!

Rabindranath Tagore.

Dem
Deutschen Volk
in seinen Zeiten geistiger Not!

Arya-Marga

Der „arische (edle) Pfad" der Einswerdung mit dem göttlichen Lichtreich.

Es gibt einen *Pfad*, steil und dornig, besetzt mit Gefahren jeglicher Art, aber doch ein Pfad, und er führt zum *Herzen des Weltalls*. Ich kann Euch sagen, wie jene zu finden sind, die Euch den geheimen Eingang zeigen werden, der allein nach innen führt und sich rasch hinter dem Neueingeweihten schließt für immerdar.

Es gibt keine Gefahr, die unerschütterlicher Mut nicht überwinden kann; es gibt keine Prüfung, die fleckenlose Reinheit nicht bestehen kann; es gibt keine Schwierigkeit, die ein scharfer Verstand nicht bemeistern kann.

Für jene, die sich vorwärts kämpfen, besteht ein Lohn jenseits sprachlichen Ausdrucks: die Macht, die Menschheit zu segnen und ihr zu dienen. Für jene, die unterliegen, gibt es weitere Erdenleben, in denen der Erfolg ihnen zuteilwerden mag. (H. P. B.)

Denn wie atmet doch der Oupnek'hat (die persisch-lateinische Übersetzung der Upanishaden) durchweg den Heiligen Geist der Veden! Wie wird doch der, dem, durch fleißiges Lesen, das Persisch-Latein dieses unvergleichlichen Buches geläufig geworden, von jenem Geist im Innersten ergriffen! Wie ist doch jede Zeile so voll fester, bestimmter und durchgängig zusammenstimmender Bedeutung!

Und aus jeder Seite treten uns tiefe, ursprüngliche, erhabene Gedanken entgegen, während ein hoher und heiliger Ernst über dem Ganzen schwebt. Alles atmet hier indische Luft und ursprüngliches, naturverwandtes Dasein.

Und o, wie wird hier der Geist reingewaschen von allem ihm früh eingeimpften jüdischen Aberglauben und aller diesem fröhnenden Philosophie!

Es ist die belohnendste und erhebendste Lektüre, die (den Urtext ausgenommen) auf der Welt möglich ist; sie ist der Trost meines Lebens gewesen und wird der meines Sterbens sein.

Schopenhauer, Parerga II, 5 185 (Werke VI, 427).

Einführende Erläuterungen

> Die Gayatri
> (Arische Anrufung an das Licht)
> O Du, der Du Licht und Bestand dem Weltall verleihest, Du, aus dem alles kommt und in den alles zurückkehren muss. Enthülle das Antlitz der wahren Sonne, die jetzt von einem Schleier goldnen Lichtes verborgen wird, damit wir die Wahrheit erkennen und unsere volle Pflicht tun mögen — auf unserer Pilgerschaft zu Deinem heiligen Sitz!

Das Wort Arier (arya) bezeichnete ursprünglich einen Heiligen. *Arier* wurden jene genannt, welche die „edlen Wahrheiten" (arya-satyani) errungen und den „vornehmen Pfad" (arya-marga) betreten hatten, den großen „vierfachen Pfad", der zu Nirwana oder Moksha führt, zur Höchststufe der *Erleuchtung* und zur endgültigen *Befreiung* des menschlich-göttlichen *Genius* von der Knechtschaft sinnlich-materieller Anziehungen.

Diese Arier waren ursprünglich als Rischis (Seher, Erleuchtete) bekannt; der Name Arier ist jedoch jetzt zu einer Bezeichnung für eine Rasse geworden, und unsere Orientalisten, die auf diese Weise die Hindu-Brahmanen ihres Geburtsrechtes berauben, haben nun aus allen Europäern Arier gemacht.

Da laut esoterischer Lehre die vier Pfade oder Yoga-Entwicklungsstufen nur durch große, spirituelle Entfaltung und „Wachstum in Heiligkeit" erlangt werden können, so werden sie der *Arya-Marga* (der heilige bzw. vornehme Pfad) genannt. Die Grade der Arhatschaft (Entwicklungsstufen im höheren Yoga), welche srotapatti, sakridagamin, anagamin und arhat genannt werden, oder die vier Klassen von Aryas, entsprechen den vier Pfaden und Wahrheiten.

Wer die lichtumwobenen Geisteshöhen des arischen Erkenntnispfades (*Arya-Marga*) erklimmen will, der muss sich mit Theorie und Praxis der höheren *Yoga-Lehre* vertraut machen, denn letztere bildet den psychologischen *Schlüssel* zu den großen, antiken Mysterien, das *Passwort* zum Eintritt in den Tempel des arischen Okkultismus.

Dem mutvoll Strebenden die ersten Schritte zu erleichtern, ist der Zweck dieser Abhandlung. Gerade über diese ersten Schritte in der Praxis befinden sich die meisten Interessenten in völliger Unkenntnis. Es ist dies auch kein Wunder, denn selbst die östlichen Quellenwerke schweigen sich über den Punkt aus, weil dieses Wissen bei indo-arischen Yogaschülern als ganz selbstverständlich vorausgesetzt wurde und letztere notfalls immer in der Lage waren, ihre spirituellen Lehrer (Gurus) um Unterweisung zu bitten.

Die yoga-technische Seite der Sanskrittexte ist auch nur solchen Europäern richtig verständlich, die bereits langjährige, erfolgreiche Praktiker sind; bloße Bücherweisheit genügt hier nicht, sondern führt höchstens auf Abwege. Dies möge an späterer Stelle illustriert werden.

Die Elemente des Raja Yoga

Die Systeme des Yoga und die östlichen Methoden zwecks Erlangung abnormaler, psychischer und geistiger Kräfte haben von jeher die Neugier europäischer Reisender und das ernste Interesse wissenschaftlicher Forscher erregt und gar mancherlei ist von vorgeblich berufener und unberufener Seite über den Gegenstand geschrieben worden, ohne dass die psychologische und physiologische Wissenschaft jemals etwas wirklich Zuverlässiges über das wahre Wesen des hö heren Yoga erfahren hätte.

Die Abhandlungen über Yoga, welche seitens der Indologen und Orientalisten in Amerika und Europa veröffentlicht wurden, beziehen sich fast ausschließlich auf die niederen und primitiven, ungeistigen Methoden des Yoga, nämlich auf den sogenannten Hatha Yoga und seine Abarten, welcher in der Hauptsache auf der systematischen Schulung und Beherrschung der *Atmung* beruht und zweifelsohne zu gewissen abnormen physischen und psychischen Fähigkeiten führt, vorausgesetzt, dass das Training bis zur Meisterschaft durchgeführt wird.

Für den Europäer ist Hatha Yoga äußerst gefährlich und alle Fachleute sind sich in seiner Verurteilung einig.

Die forcierte Atmung und das Atemanhalten führen zu Störungen der Nerventätigkeit, Schwindsucht und Verfolgungswahn bilden das Ende.

Der Irländer William Quan Judge, der die besten, praktischen Abhandlungen über Yoga-Wissenschaft schrieb und auch eine praktisch brauchbare Übersetzung des berühmten klassischen Lehrbuches der höheren Yoga-Lehre, nämlich des *Yoga-Katechismus* des Yogameisters *Patanjali*, veröffentlichte, drückt sich über die Nachteile und Gefahren des niederen Yoga wie folgt aus:

„Hatha Yoga ist eine regelrechte Kasteiung des Körpers, durch welche gewisse Kräfte des Körpers entfaltet werden. Sie besteht in der Annahme von gewissen Körperhaltungen, welche die Übung unterstützen, und in einer bestimmten Atemführung, welche in Verbindung mit noch anderen Hilfsmitteln Veränderungen im System herbeiführt.

In der Bhagavad Gita wird im 4. Kapitel folgenderweise darüber gesprochen: Einige Anbeter opfern ihre Sinne im Feuer der Selbstbeherrschung, indem sie mit dem Gehör beginnen.

Einige entsagen allen sinnlichen Tönen … Einige opfern das Ausatmen in dem Einatmen und das Einatmen in dem Ausatmen, indem sie die Kanäle der Einatmung und Ausatmung verschließen, während andere als Opfer die Bewegungen der beiden Lebensatem hemmen, und noch andere sich der Nahrung enthalten und das Leben in ihrem Leben opfern."

„In verschiedenen Schriften werden diese Methoden detailliert beschrieben, und es ist ohne Zweifel richtig, dass man durch eine Befolgung derselben in den Besitz verschiedener, absonderlicher Kräfte gelangen kann. Dabei gibt es aber auch Gefahren, welche besonders die Bewohner des Abendlandes, bei denen erfahrene Führer oder Lehrer in diesen Dingen nicht zu finden sind, in erhöhtem Maße bedrohen.

Diese Gefahren bestehen darin, dass eine Person, welche diese Hatha Yoga-Übungen ohne Lehrer ausübt, in ihrer Umgebung Einflüsse lebendig macht, die ihr Schaden zufügen; ferner bringt der Hatha Yoga-Treibende seine natürlichen Funktionen hin und wieder in gewisse Zustände, bei welchen er für eine bestimmte Zeit aufhören sollte. Zufolge seiner Unwissenheit in solchen Dingen überschreitet er aber die Grenze und ruft dadurch gefährliche Resultate hervor. Weiter ist Hatha Yoga eine schwierig auszuführende Suche und muss unter allen Umständen zum Punkte der Meisterschaft und des Erfolges getrieben werden.

Wenige von den Abendländern sind von Natur aus für solche andauernde und schwierige Arbeit auf der mentalen und astralen (übersinnlichen) Ebene geschaffen. So beginnen sie nun, angezogen von Hatha Yoga, dessen Ungewöhnlichkeit und den sich darbietenden sichtbaren, physischen Resultaten, ohne Kenntnis der Schwierigkeiten, und wenn sie nach einiger Zeit die Sache wieder fallen lassen, so ziehen sie sich Folgen zu, welche durchaus nicht begehrenswert sind."

Und in seinem Vorwort zu dem demnächst im Johannes Baum Verlag zu Pfullingen erscheinenden Yoga-Katechismus des Patanjali äußert sich der gleiche Fachmann wie folgt:

„Das Yoga-System wird in zwei Hauptteile eingeteilt — in Hatha Yoga und Raja Yoga. Es gibt viele kleinere Einteilungen, die aber alle in eines dieser beiden Hauptsysteme eingereiht werden können. Hatha Yoga wurde von Matsendra Nath und Goraksh Nath und von deren Anhängern verbreitet und ausgeübt, sowie von vielen Asketikersekten in diesem Land (Indien).

Dieses Hatha Yoga-System befasst sich hauptsächlich mit dem physiologischen Teil des Menschen, in der Absicht, die Gesundheit zu festigen und den Willen zu schulen.

Die zwecks Erreichung dieses Endziels vorgeschriebenen Prozesse sind so schwierig, dass nur wenige entschlossene Seelen durch alle Stadien seiner Praxis dringen, während viele nur Fehlschläge erzielten und über dem Versuch starben. Die Übungen des Hatha Yoga werden deshalb von allen Philosophen strengstens abgelehnt.

Der erhabene Shankaracharya bemerkte in seiner Abhandlung, Aparokshanubhuti genannt, dass 'das System des Hatha Yoga; für jene beabsichtigt war, deren irdische Wünsche noch nicht zur Ruhe gebracht und noch nicht entwurzelt sind'. Auch anderwärts hat er nachdrücklich gegen die Ausübung von Hatha Yoga gesprochen."

„Dagegen versuchen die Raja Yogis das Gemüt als solches zu bemeistern, indem sie den Regeln folgen, die von den größten der Adepten niedergelegt sind."

Über den hohen Yoga, den klassischen, hochgeistigen Raja Yoga, vermag uns die Indologie nur recht wenig zuverlässige Auskunft zu erteilen, und wenn wir solche Abhandlungen, wie das vor einigen Jahren veröffentlichte Werk des verstorbenen Universitätsprofessors Speyer auf seinen Inhalt prüfen, werden wir, selbst wenn wir nur mit den Elementen des Raja Yoga vertraut sind, ohne Weiteres erkennen, wie weit der Verfasser vom richtigen Verständnis und einer gerechten Würdigung jener erhabenen transzendental-psychologischen Wissenschaft, wie sie uns im echten Raja Yoga entgegentritt, entfernt war.

Diese und ähnliche Erwägungen bewogen den Verfasser dieser Abhandlung, der auf eine nahezu zwanzigjährige *Praxis* zurückblickt, einen Versuch zu machen, die Elemente des Raja Yoga flüchtig zu skizzieren und zu zeigen, dass dieser, weit entfernt eine problematische oder mysteriöse Sache zu sein, vielmehr auf gesetzmäßigen und sehr realen Grundlagen beruht und nicht nur für jeden Forscher der Religionsphilosophie und altorientalischen Geisteskultur, sondern auch für jeden Psychologen und Physiologen von hohem wissenschaftlichem Interesse ist, ganz abgesehen von dem praktischen Wert, den er für den strebsamen Einzelnen besitzt, denn er führt zur *Entdeckung* und *Entfaltung* des in jeder Menschenbrust schlummernden göttlichen Genius und damit zur Erlangung der bewussten *Unsterblichkeit*, die von blindem Glauben an eine Unsterblichkeit der niederen Psyche in einem dogmatisch-fantastischen Himmel ganz und gar verschieden ist.

In jedem Menschen ruht ein Strahl des ewigen, unvergänglichen, göttlichen Lichtes. Diesen zu entdecken und mit ihm zu verschmelzen, ist das große Ziel des Strebenden. Welche Wege zu wandern und welche Mittel zu benutzen sind, zeigt uns das psychologische Lehrsystem des *Raja Yoga*, die einzige echte und sichere Form der östlichen Geheimschulung.

Das Sanskrit ist die Sprache Altindiens und, wie H. C. Kellner treffend sagt, die „Königin der Sprachen“, denn der Reichtum seiner grammatikalischen Formen wird von keiner anderen Sprache übertroffen.

Die Bezeichnung *Raja Yoga* (Aussprache: Radscha Yoga) bedeutet: „Königlicher Yoga“, „Königliche Vereinigung“ (Raja: König, Yoga: Vereinigung, Einswerdung, von *yuj* vereinen, verbinden).

Praktisch gesprochen, bedeutet Raja Yoga die harmonische Ausbildung aller körperlichen, intellektuellen und spirituellen (überintellektuellen) Fähigkeiten, sowie bewusste Einswerdung mit dem in jedem Menschen schlummernden, latenten Genius, der sodann als schöpferisch-plastisches *Denken* bzw. spirituelle Gestaltungskraft, spiritueller *Wille* und spirituelle *Unterscheidungskraft* in die Erscheinung tritt.

Das menschliche Verstandesdenken (Intellekt) ist lediglich eine Ausstrahlung, ein schwacher Widerschein dieses latenten Genius (technisch manas-buddhi genannt).

Das möge klar erkannt und im Gedächtnis behalten werden.

Dieser „latente Genius“ ist jedoch noch nicht die höchste und erhabenste „Schicht“ unseres überintellektuellen Bewusstseins (von manchen Unterbewusstsein genannt), sondern ist seinerseits auch nur die Ausstrahlung (Emanation) einer noch, geistigeren, reineren Lichtquelle, die von den indoarischen Weisen *Atman* genannt wird, das „unendliche Lichtmeer der Gottheit.“ Brahman ist ein gleichbedeutender Ausdruck.

In den arischen Geheimlehren (Upanishaden) wird beständig darauf hingewiesen, dass die Einswerdung mit dem Atman bzw. Brahman das letzte und erhabenste Ziel alles Yogastrebens ist.

Aber bevor der Strebende diese wahrhaft göttliche Höhenstufe praktisch erreichen kann, muss er, wie oben angedeutet, die latenten Kräfte seines *Genius* entdeckt und entfaltet haben, mit anderen Worten: der Weg zum „unendlichen Lichtmeer der Gottheit“ geht durch den „latenten *Genius*“, der zuvor erweckt werden muss, und keine Entwicklungsstufe kann übersprungen werden.

Keiner kann das dritte Stockwerk (atman) erreichen, bevor er nicht durch das erste (Intellekt) und zweite (latenter Genius: manas-buddhi) gegangen ist.

Alle „Gottsucher“ sollten dieses Gleichnis im Gedächtnis behalten, denn solange man nach Gott auf der Suche ist, hat man ihn noch lange nicht gefunden und man gelangt erst dann in Berührung mit dem göttlichen Licht, wenn man den Erkenntnisfunken (Vernunftfunken, Erkenntnislicht, buddhi), durch Läuterung der Gedankensphäre (cittam) mithilfe des spirituellen Willens (eine Energieäußerung des manas) zum *Lichtkegel* gestaltet hat.

Wie dies zu geschehen hat, sollen die späteren Ausführungen zeigen. Warum ich hier diesen Hinweis vorausschicke?

Weil ich weiß, dass in weiten Kreisen die total verkehrte Anschauung verbreitet ist, als könne man vom bloßen Verstand oder Gefühl aus ohne Weiteres mit dem göttlichen Licht eins werden.

An diesem Irrtum kranken viele deutsche Anhänger des indischen Okkultismus; dies ist der eigentliche Grund ihrer Erfolglosigkeit. Schuld daran trägt die unsachliche Aufklärung, die mangelnde Beratung seitens wirklicher Praktiker. Wo sind die letzteren?

Es lassen sich heute drei verschiedene Formen des Raja Yoga unterscheiden:

1. der in Indien noch verbreitete und den Orientalisten und Forschungsreisenden allein bekannte populäre und exoterische Raja Yoga, der in der Regel nur eine verbesserte Auflage des Hatha Yoga (Aussprache Hat-ha Yoga) darstellt und somit mehr mit forcierten Atemübungen, als mit der Entfaltung höherer Geisteskräfte zu tun hat.

Selbst der bekannte Vedantaphilosoph Swami Vivekananda, den manche Laien für einen vollerblühten „Adepten“ hielten, lehrte lediglich einen verkappten Hatha Yoga, wie aus seinen Kommentaren zum Yoga Sutram des Pantanjali zur Evidenz hervorgeht.

So betonte er z. B., dass Kundalini (eine elektro-okkulte Yogakraft) durch Atmung erweckt werden müsse, während doch jeder Kenner des echten Raja Yoga wissen muss, dass diese Erweckung nur durch den spirituellen Willen erfolgen darf und die von Vivekananda angedeutete Methode lebensgefährlich ist.

Auch der bekannte Agamya Guru Paramahamsa war nur ein Hatha Yogi. Dieser „unnahbare Lehrer“ (Agamya Guru bedeutet letzteres) legte sich unrechtmäßiger Weise den Titel eines Paramahamsa zu, auf den nur jene Anspruch machen dürfen, welche die volle Meisterschaft im *Raja Yoga* und damit die Höchststufe göttlicher Seherschaft und Erleuchtung erreicht haben.

2. Der noch von einigen wenigen Schulen Indiens, jetzt aber besonders in Tibet, China und Japan gepflegte echte, antike Raja Yoga, dem die gegenwärtigen Betrachtungen in erster Linie gewidmet sind und welcher von manchen Autoren nicht unzutreffend der „Hochpfad zum Gottmenschentum“ genannt wird, weil er dem Praktiker gewisse abnorme Kräfte verleiht, die nur durch diese Schulung erlangt werden können.

Ähnliche Kräfte transzendentaler Natur finden wir bei manchen Medien, die sie in der Regel unbewusst, im Trancezustand, ausüben. Das Bemerkenswerte ist, dass der Raja Yogi diese Fähigkeiten völlig bewusst, durch die Macht seines erweckten spirituellen Willens und göttlichen Genius, jederzeit hervorzubringen vermag.

Während also das spiritistische Medium das unbewusste Werkzeug ihm selbst unbekannter psychischer Kräfte und Einflüsse ist, ist der Meister im Raja Yoga Kenner und Beherrscher dieser Strömungen, von denen er aber nur zum Wohle der Menschheit Gebrauch macht.

3. Der auf den Prinzipien des klassischen Raja Yoga beruhende moderne pädagogische Raja Yoga, welche die psychologische Grundlage des bekannten Erziehungssystems an der Raja Yoga-Universität zu Point Loma, Kalifornien, bildet.

Nach diesem System werden die Kinder schon im frühen Alter angeleitet, durch ein Leben der systematischen Selbstkontrolle und Selbstbeherrschung, jene höheren spirituellen Willens-

und Erkenntniskräfte zu erwecken und zu entwickeln, welche sie später befähigen sollen, die höheren Phasen des antiken Raja Yoga zu erklimmen, um alsdann am geistigen Fortschritt der menschlichen Rasse helfend Anteil nehmen zu können.

Vom Ursprung der Lehre

Es besteht die Anschauung, dass der Yoga, als Schule der Philosophie, von Patanjali begründet wurde, doch existierte er als ausgeprägte Lehre und als Lehrsystem lange vor genanntem Weisen. Schon Yajnavalkya, ein berühmter, arischer Weiser, dem die Abfassung des weißen Ayurveda, des Shatapatha Brähmana und. Brihad Aranyaka zugeschrieben wird und der in den Zeiten lebte, die der Niederschrift des Mahabharatam vorausgehen, schärfte die Notwendigkeit und bestimmte Pflicht religiöser Betrachtung und zurückgezogener Lebensweise in Wäldern ein und gilt daher als Urheber der Yoga-Lehre.

Professor Max Müller stellt fest, dass Yajnavalkya es war, der die Welt auf die Botschaft des Buddhismus vorbereitete. Es ist jedoch nicht zu verkennen, dass Pantanjalis Yoga, als Philosophie, bestimmter und genauer ist und mehr von den okkulten Wissenschaften einschließt, als irgendeines der Werke, die dem Yajnavalkya zugeschrieben werden.

Der Ursprung des antiken *Raja Yoga* verliert sich in der Nacht der Zeit. Die altehrwürdigen, tibetanischen *Yoga-Schulen* des *Dzyan* vertreten die Anschauung, dass sich die Lehre lange Zeitalter hindurch durch Überlieferung erhalten hat und möglicherweise aus Perioden auf uns gekommen ist, in welchen die Menschheit psychisch, physiologisch und anatomisch vom derzeitigen Typ in manchen Punkten verschieden war.

Eine Tatsache steht jedenfalls fest, nämlich, dass wir in den uralten, indischen *Upanishaden* Bruchstücke des antiken Raja Yoga wiedererkennen und dass letzterer somit schon vor Jahrtausenden den Angelpunkt des philosophischen Denkens und den eigentlichen Schlüssel zur praktisch-metaphysischen Erkenntnis im Osten bildete.

Über die *Upanishaden* spricht sich eine Autorität wie folgt aus: „*Upanishad* (sanskrit) bedeutet buchstäblich ‚esoterische Lehre'. Die Upanishaden bilden die dritte Abteilung der Veden und werden als Offenbarung betrachtet (shruti oder ‚geoffenbartes Wort').

Es sind ungefähr einhundertfünfzig, ja sogar zweihundert Upanishaden noch vorhanden: von diesen können jedoch nur ungefähr zwölf als frei von Fälschungen betrachtet werden und als zuverlässige Texte infrage kommen. Diese zwölf sind alle älter als das sechste Jahrhundert v. Chr. Gleich der Kabbala, die den esoterischen Sinn der Bibel erklärt, so erläutern die Upanishaden die geheime Bedeutung der Veden.

Bezüglich der Upanishaden hat Professor Cowell zwei Feststellungen gemacht, die ebenso interessant als richtig sind.

Er drückt sich folgendermaßen aus:

(1) Diese Werke besitzen ‚eine bemerkenswerte Eigentümlichkeit, nämlich die völlige Abwesenheit irgendwelcher brahmanischer Ausschließlichkeit in ihrer Lehre ... Sie atmen einen völlig verschiedenen Geist, eine Gedankenfreiheit, die irgend einem früheren Werk, mit Ausnahme der Hymnen des *Rig-Veda*, unbekannt ist"; und

(2) „Es wird beständig geschildert, dass die großen Lehrer der höheren Erkenntnis (guptavidya d.h. esoterische Erkenntnis) und Brahmanen die Kshatriya-Könige aufsuchen, um ihre Jünger (chelas) zu werden".

Dies „zeigt zur Evidenz (a) dass die Upanishaden vor der Aufrichtung des Kastenwesens und der brahmanischen Macht niedergeschrieben wurden und in bezug auf Alter, den Veden gegenüber, nur an zweiter Stelle stehen; und (b) dass die okkulten Wissenschaften, oder die ‚höhere Erkenntnis', wie Cowell sich ausdrückt, viel älter sind als die Brahmanen oder, jedenfalls, das Kastensystem in Indien.

Die Upani„shaden gehören jedoch einem weit späteren Datum an als die gupta-vidya oder geheime Wissenschaft, die so alt ist wie das menschliche, philosophische Denken selbst."

Es möge klar verstanden werden, dass die *Gupta-Vidya* oder der praktische *Okkultismus* der Arier keineswegs ein intellektuell-spekulatives System ist, sondern eine höhere Naturwissenschaft, deren Ausübung transzendentale Fähigkeiten voraussetzt, die eben nur durch langjährige Schulung im *Raja-Yoga* erworben werden können.

Der Praktiker muss ein *Seher* werden, bevor er hoffen kann, ins Innere der Natur zu dringen. Aber dieses blitzartige, transzendentale Schauen, dieses intuitive und inspiratorische Erkennen des „Dings an sich“ hat nichts mit den unzuverlässigen Visionen bewusstloser Medien zu tun.

Entwicklungsmöglichkeiten

Die Lehre des *Raja-Yoga* ist das Evangelium von den *Möglichkeiten der menschlichen Höherentwicklung.*

Von begeisterten Anhängern wird er die „Kunst zu leben“ und die „Wissenschaft des Lebens“ genannt.

Seine Praxis könnte auch treffend als die „Athletik des geistigen Willens“ oder „geistige Konzentrationsathletik“ definiert werden.

Raja Yoga lehrt uns, wie gesagt, wie wir durch harmonische Schulung des Körpers, Intellekts, sowie der höheren Willens- und Erkenntniskräfte jene geistigen Höhen anstreben und erreichen können, welche in ferner Vorzeit nur jenen Wenigen vergönnt waren, welche, durch die Seherschulen und Weisheitskulte der Antike mit diesem unschätzbaren Schulungssystem bekannt gemacht, in den Augen der Menge als inspirierte Genies, Propheten, Erlöser und Goldmenschen galten.

In vergangenen Zeiten war dieses Wissen ausschließliches Eigentum bevorzugter Kasten.

Aber durch das Umsichgreifen der arischen Bewegung in Europa und die Verbreitung guter Übersetzungen der Upanishaden und Sanskrittexte dringen die östlichen Geheimlehren in die weitesten Kreise des Volkes und die Geheimniskrämerei exklusiver Kreise wird zur lächerlichen, unsozialen Fame.

Der wahre Raja-Yoga ist somit ein Entwicklungs- bzw. Schulungssystem, welches die Höchstentfaltung der körperlichen, intellektuellen und spirituellen (transzendentalen) Kräfte verwirklicht und zu den Höhen der Vollendung führt, die jenen unfassbar erscheinen müssen, welche mit den gewaltigen *Entwicklungsmöglichkeiten* des *Geistigen Willens* unbekannt sind, weil sie bisher keine Gelegenheit fanden, etwas Bestimmtes, praktisch Verwertbares über die Art dieser Schulung bzw.

Selbstschulung zu erfahren. Im Nachstehenden sei nun ein bescheidener Versuch gemacht, die vier hauptsächlichsten Entwicklungsphasen der Schulung im antiken Raja-Yoga zu illustrieren.

Einführung in die Praxis

> Es ist billig, dass wir, die wir uns zu einer so erhabenen Stufe emporzuschwingen suchen, zuerst uns befleißigen, fleischliche Lüste, die Schwächen der Sinne, die der Materie angehörenden Leidenschaften hinter uns zu lassen; zweitens, dass wir lernen, durch welche Mittel wir die Leiter des reinen Geistes erklimmen mögen, verbunden mit den höheren Möchten, ohne welche wir nie die Wissenschaft der geheimen Dinge gewinnen können, noch die Magie, welche wahre Wunder wirkt. (Tritheim, "Über verborgene Dinge".)

Wer nach den Sternen trachten will, welche am Himmel dieser altehrwürdigen Lehre erglänzen, der muss sich vor allen Dingen entschließen, eine rein natürliche Lebensweise anzustreben. Hiezu gehört in erster Linie, dass der Anfänger den Entschluss fasst, dem Alkohol in allen seinen Formen nach Möglichkeit zu entsagen, jedenfalls aber jeden Alkoholmissbrauch streng zu vermeiden.

Der erfahrene Praktiker hütet sich vor Alkohol wie vor einem tödlichen Gift, fühlt er doch, dass der lähmende Einfluss desselben besonders nachhaltig auf das höhere Denken, den geistigen Willen und die klare Urteilskraft einwirkt und somit ein absolutes Hindernis für die Erlangung der höheren Entwicklungsstufen bildet.

So ist es Erfahrungstatsache, dass ein einziges Glas Wein die Frucht jahrelanger Schulung zu zerstören vermag. Wenn letzteres natürlich auch nur für Fortgeschrittene gilt und gelegentlicher, sehr mäßiger Alkoholgenuss bei Anfängern zulässig ist, so ist doch auch in solchen Fällen große Vorsicht und Zurückhaltung ratsam, denn keiner weiß, ob ihn das erste Glas nicht zum zweiten und dritten führt. Viel Alkohol ist schädlich — wenig Alkohol ist kein Genuss! Es ist deshalb die einfachste Lösung, ihm gänzlich zu entsagen.

Ein weiteres großes Hindernis für den Erfolg im Raja Yoga sind geschlechtliche Ausschweifungen und geheime Gewohnheiten, weil dieselben das Zentralnervensystem erschöpfen und die Lebensenergie schwächen. Der Strebende muss vielmehr mit allem Ernst darauf hinarbeiten, seine *Lebenskräfte zusammenzuhalten, um sie in höhere geistige Energien* (technisch ojas genannt) *umzuwandeln.*

Es handelt sich darum, das Leben auf Kosten der Leidenschaften zu verlängern. Wenn der geistige Wille, durch ein Leben eiserner Selbstbeherrschung, in Tätigkeit versetzt wird, dann beginnt das Gehirn alle überschüssigen Lebenskräfte aufzusaugen, und ein höher organisierter Denkapparat wird aufgebaut. Umgekehrt entartet das Gehirn durch Pflege der tierischen Triebe und Gewohnheiten.

Diese Punkte sind von großer Wichtigkeit und werden reifliche Überlegung lohnen. Das Geheimnis der *Lebensverlängerung*, das *Lebenselixier*, beruht auf dieser systematischen Aufspeicherung der Lebenskräfte.

Wir ersehen hieraus, dass der erste Schritt im Raja Yoga weise Entsagung ist und eine gewisse Selbstlosigkeit erfordert, die freilich nicht nach jedermanns Geschmack ist. Die menschliche Selbstsucht ist in der Tat das einzige Hindernis, welches der Erreichung dieser höheren Entwicklungszustände im Weg steht. Es ist eben zum guten Glück von der Natur wohlweislich dafür gesorgt, dass der Selbstsüchtige, der Egoist, der Niedriggesinnte nicht in den Besitz der hohen Yoga-Kräfte (siddhis) kommen soll, die er ja doch nur zum Schaden seiner Mitmenschen benützen würde.

Hat der Anfänger die erforderliche natürliche Lebensweise eingeleitet, dann beginnt das sogenannte „*vorbereitende Training*“, eine Schulung, welche den im Getriebe des Alltags stehenden Neuling befähigen soll, durch ein Leben systematischer Selbstbeherrschung und gründlichen, kritischen Selbststudiums die in ihm wirkenden höheren und niederen Seelenkräfte kennenzulernen.

Es handelt sich darum, die Wirkungsweise der in seinem psychischen Organismus, in seinem Innenleben wirkenden Kraftformen zu studieren, das niedere vom höheren Element unterscheiden zu lernen und die niederen, psychischen Kräfte unter die Herrschaft des geistigen Willens zu bringen.

Mit anderen Worten, er muss lernen, seine Leidenschaften, Begierden, unreinen Wünsche, Instinkte und erniedrigenden bzw. bösen Gedanken zu überwachen und durch machtvolle Selbstbemeisterung *Freiheit* von der unglückseligen Sklaverei und Fronherrschaft der niederen Kräfte zu erlangen.

Zuerst müssen die gröberen Formen, dann die feineren, versteckteren Formen der Selbstsucht überwunden werden. Das Ideal der höchsten, sittlichen *Vollkommenheit* sollte das unerschütterliche Ziel seines Strebens und Sehnens bilden. Und hier zeigen sich die gewaltigen Entwicklungsmöglichkeiten des spirituellen Willens.

Der Kampf gegen das niedere Element im eigenen Inneren — gegen die Kräfte von unten — wird zwar anfänglich ein ziemlich harter sein. Für den Anfänger gilt das Apostelwort: „Wollen habe ich wohl, aber vollbringen das Gute finde ich nicht.

Denn das Gute, das ich will, das tue ich nicht, sondern das Böse, das ich nicht will, das tue ich“ (Römer VII, 18, 19).

Aber nur Geduld! Tag für Tag wächst die Stoßkraft des geistigen Willens, sowie das Licht der sich mehr und mehr klärenden Unterscheidungskraft (buddhi), und der Strebende wird schon nach verhältnismäßig kurzer Zeit der Praxis zu seiner Überraschung und Befriedigung erkennen, dass er, wenn er nur die nötige Ausdauer bewahrte, das Niedere in seinen groben Formen überwunden und eine Energie des Denkens, Schärfung des Gedächtnisses, sittliche Willensenergie und Klärung des Bewusstseins erlangt hat, die er früher in das Reich der Träume verwiesen hätte.

Die systematische Überwachung und Beherrschung des niederen „Ich" wird bald zur Gewohnheit, zur zweiten Natur.

Was anfangs überaus schwierig erschien, wird nun zum leichten Spiel.

> Wer sich sechs Monde lang anstrengt,
> Von Weltlichkeit stets frei, dem wird
> Unendlich, allerhöchst, geheim,
> Vollkommene Yogakraft zuteil.
> Doch wer, von Rajas und Tamas (Leidenschaft und Trägheit)
> Erfüllt, selbst wohl erleuchtet sonst,
> An Kinder, Weiber und Sippschaft
> Sich hängt, dem wird sie nie zuteil. (Ayurveda).

Gleichzeitig mit der Überwindung des gemeinen Egoismus muss die Überwachung und Beherrschung des Gedankenlebens energisch durchgeführt werden. Das sophistische Sprichwort: „Gedanken sind zollfrei" gilt für den Praktiker im Yoga nicht. Er muss vielmehr mit großer Peinlichkeit darauf hinarbeiten, unreine, erniedrigende, unedle und nutzlose Gedanken aus seinem Bewusstsein zu bannen und üble Regungen durch gute zu ersetzen.

Dadurch wächst die Stoßkraft des geistigen Willens, die Klarheit, die Unterscheidungskraft oder „Intuition mit Sicherheit" in ganz besonderem Maße. Kein Tag vergeht dann, der nicht einen erheblichen Zuwachs an geistiger Energie brächte, während die Elemente des Niederen zusehends an Einfluss auf das Bewusstsein und damit auf die Handlungen des Strebenden verlieren.

Er wird mehr und mehr befähigt, im Einklang mit seinen höheren Erkenntnissen zu handeln. Durch diese machtvolle Selbstbeherrschung, die natürlich einen sehr tätigen Willen voraussetzt, findet gradweise die Erweckung neuer, höherer und bisher unbekannter geistiger *Energie*- und *Bewusstseinszentren* statt.

Diese vorbereitende Stufe der Gedankenüberwachung, Gedankenverdrängung und Gedankenbeherrschung wird technisch Pratyahara genannt.

Für die Praxis des Lebens ist diese Übung von tiefeinschneidender Wirkung. Solange der Mensch keine Kontrolle über sein Gedankenleben ausübt, wird er den Einwirkungen seiner „niederen Natur“ immer wieder zum Opfer fallen; er wird finden, dass alle guten Vorsätze umsonst sind.

Der Gedanke besitzt dynamische Wirkung: er treibt uns zu Handlungen an. Der Gedanke ist das Vorspiel zur Tat, und wenn der Gedanke der unreinen Sphäre entstammt, dann wird auch die daraus hervorgehende Handlung dementsprechend gefärbt sein.

Eine genaue Kenntnis von der dynamischen Wirkungsweise der Gedankenkräfte ist allein schon ein Vermögen wert, denn sie befähigt den Strebenden, sein Schicksal nach höheren Richtlinien zu gestalten, die „Richtung des geringsten Widerstands“ zu erkennen.

Das Denkvermögen ist der wertvollste Schatz des Menschen; richtig geleitet, befähigt es ihn, die höchsten Stufen des erleuchteten Seins zu erklimmen. Daher die große Bedeutung, welche die östlichen Schulen der Entfaltung der Gedankenkräfte und der Läuterung des „Gedankenleibes“, wie sie die Gedankensphäre nennen, beilegen.

Der Strebende nehme sich also den festen Vorsatz, vorläufig nur für einen Tag die oben erwähnte Praxis durchzuführen. Nach Ablauf dieser Zeit wiederhole er seinen Vorsatz für einen weiteren Tag, danach für zwei Tage, drei Tage usw.

Falls die Entschlusskraft nachlässt, muss sie immer wieder energisch erneuert werden. Nur nicht nachlassen, selbst wenn anfangs Misserfolge und Fehlschläge eintreten! Es ist eben noch kein Meister vom Himmel gefallen. Aller Anfang ist schwer, zumal alte Denkgewohnheiten sich breitspurig in den Weg stellen und den Hochstrebenden vom Aufstieg zurückhalten wollen.

Die alten, üblen Gewohnheiten fühlen, dass es ihnen an den Kragen geht und deshalb kämpfen sie um ihr Dasein. Aber mit starker, rücksichtsloser Hand müssen wir alles hinausjagen, was keinen Hauszins zahlt. Die üblen Gedanken sind die

Schmarotzer der Seele. Sie gleichen Giftfliegen, die man verscheuchen muss, bevor sie sich zum Stiche niedersetzen können. Also aufgepasst!

Vom Niederhalten des Denkprinzips (manaso nigraha)

Hat der Strebende diese vorbereitende Stufe der Selbstschulung erfolgreich durchlaufen und eine gewisse innere Festigkeit und Gemütsstärke erlangt, dann ist er genügend vorbereitet und in der Regel positiv genug, sich zur nächsten höheren Phase im Raja Yoga aufzuschwingen.

Auf dieser zweiten Stufe, technisch Dharana genannt, erwirbt er eine jener spirituellen (überintellektuellen) Kräfte, welche dem Nichtpraktiker unbekannt sind, nämlich die wertvolle Fähigkeit, sein *Denkprinzip* oder *Denkorgan* (technisch cittam oder niederes manas genannt) in jedem gewünschten Augenblick und für beliebig lange Zeit vollständig zu beherrschen.

Damit ist gemeint, dass der Strebende die spirituelle Macht erlangt, sein Denken, seine Gedanken für längere Zeit, sagen wir eine Viertelstunde, restlos zu unterdrücken. (Dieser Zustand ist wohl zu unterscheiden von dem Schwinden des Bewusstseins im Schlaf).

Wenn wir den Versuch machen, unser Denken auch nur eine einzige Minute lang völlig zu beherrschen und auszuschalten und auch keinen einzigen Gedanken in unserem Gemüt dulden, dann werden wir finden, dass dies keinesfalls eine leichte Sache ist, sondern dass beständig neue Gedanken als unerbetene Gäste in unserem Bewusstsein (das ein von den Gedankenformen verschiedenes Etwas ist!) auftauchen und darin Wohnung nehmen.

Dies beweist, wie auch Emerson schon richtig erkannte, dass wir überhaupt sehr wenig Herrschaft über unsere Gedanken haben und dass unser spiritueller Wille (als Äußerung des höheren Mamas) noch gar keine Macht über die Denkmaschine erlangt hat, somit eigentlich nur latent, passiv, negativ vorhanden ist.

Bei dem geübten Praktiker im Raja Yoga liegt die Sache aber ganz anders. Er hat die Selbstbeherrschungstechnik zur Kunst ausgebildet. Er hat den geistigen (spirituellen) Willen durch das „vorbereitende Training“ erweckt und bis,zu einem gewissen Grade entwickelt, und es bedarf für ihn nur noch einiger Übung, um das „Denkprinzip“ in jedem gewünschten Augenblick beliebig lang zu beherrschen, ja selbst inmitten des größten Getümmels und der störenden, wechselnden Einflüsse der Außenwelt.

Durch diese Praxis erwirbt er gleichzeitig die wertvolle Fähigkeit, seine Aufmerksamkeit für beliebige Zeit auf irgendeinen Gegenstand behufs rein objektiver Betrachtung zu konzentrieren, wobei das Denken, der wechselnde Strom der Gedanken und Gedankenbilder, während der ganzen Zeit der Betrachtung ausgeschaltet bleibt.

Die „Beherrschung des Denkprinzips“, von welcher hier gesprochen wird, bedeutet aber keineswegs, dass es sich dabei um ein Herabdämpfen des Normalbewusstseins handle.

Gerade das Gegenteil wird erstrebt! Das Bewusstseinsfeld soll von den Gedankenformen zeitweise befreit bzw. geläutert werden, wodurch ein Zustand höherer, spiritueller Klarheit (Erleuchtung) erreicht wird. Nicht um ein gedankenloses, teilnahmsloses Dahindösen handelt es sich, sondern um einen positiven Zustand der Selbstbeherrschung, um ein Machtstadium gespanntester überintellektueller Konzentration.

In dem vorerwähnten Yoga Lehrbuch des Patanjali finden wir folgenden führenden Lehrsatz:

Yogaç citta-vritti-nirodhah (Buch I, § 2).

Diese Stelle übersetzt Deussen wie folgt :

„Yoga ist die Unterdrückung der Funktionen des Bewusstseins.“ (Gesch. d. Philosophie, I. Band, 3. Abt. S. 511.)

Durch diese Wiedergabe kann der Laie zu der gänzlich irrtümlichen Ansicht verleitet werden, ob es sich um die Unterdrückung des Bewusstseins überhaupt, d. h. um die Herbeiführung eines Zustandes von Bewusstlosigkeit handle.

Das könnte zu gefährlichen Komplikationen in der Praxis führen.

William Quan Judge, der hervorragende Praktiker, übersetzt den obigen Sanskritlehrsatz treffend wie folgt:

„*Concentration, or Yoga, is the hindering of the modifications of the thinking principle*“,

zu deutsch :

„Konzentration, oder Yoga, ist das Verhindern der Modifikationen (Veränderungen) des Denkprinzips.“

Und in seinem Kommentar fügt er bei:

„Der Mangel an Konzentration ist der Tatsache zuzuschreiben, dass das Gemüt — hier das „Denkprinzip“ genannt — deshalb beständigen Veränderungen unterworfen ist, weil es über eine Mannigfaltigkeit von Dingen zerstreut ist. Somit ist „Konzentration“ gleichbedeutend mit der Richtigstellung einer Neigung nach Zerstreuung und Erlangung dessen, was die Hindu das ‚Auf-einem-Punkt-Gerichtetsein’ (one-pointedness) nennen, oder die Macht, das Gemüt in jedem Augenblick auf die Betrachtung eines einzigen Gedankenpunktes, unter Ausschluss alles sonstigen, zu richten. Das ganze System dreht sich um diesen Aphorismus.

Der Grund für die Abwesenheit von Konzentration zu irgendeiner Zeit ist der, dass das Gemüt durch jedes vor ihm auftauchende Wesen oder Ding eine Veränderung erfährt; es wird sozusagen in jenes Wesen oder Ding umgewandelt.

Deshalb ist das Gemüt nicht die erhabenste oder höchste Macht; es ist lediglich eine Funktion, ein Instrument, mit dem die Seele arbeitet, irdische Dinge wahrnimmt und Erfahrungen sammelt.

Jedoch darf auch das Gehirn nicht mit dem Gemüt (Denkprinzip) verwechselt werden, denn das Gehirn ist seinerseits nur ein Werkzeug für das Gemüt. Es folgt hieraus, dass das Gemüt eine Ebene seiner eigenen Art, verschieden von Seele (manas-buddhi) und Gehirn, besitzt, und was gelernt werden muss, ist, den Willen, der ebenfalls eine von Gemüt und Gehirn verschiedene Macht ist, in solcher Weise zu gebrauchen, dass wir das Gemüt, anstatt ihm zu erlauben, sich von dem einen Wesen oder Ding einem anderen zuzuwenden, geradeso wie sie es bewegen mögen, zu jeglicher Zeit und für jegliche Zeitlänge als Dienerin für die Betrachtung dessen, wofür wir uns entschieden haben, verwenden können."

Man halte hierzu den § 12 aus dem III. Buche des Yoga-Katechismus (nach Judge):

„Wenn das Gemüt, nachdem es fest auf einen einzigen Gegenstand gerichtet worden ist, aufgehört hat, an irgendeinem Gedanken über die Zustände, Eigenschaften oder Beziehungen des betreffenden Gegenstandes beteiligt zu sein, sondern einzig und allein auf den Gegenstand selbst festgeheftet ist, dann sagt man, dass es auf einen einzigen Punkt hinzielt — ein Zustand, der technisch Ekagrata genannt wird."

Ferner Buch I, § 12:

„Das Verhindern der bereits erwähnten Veränderungen des Gemüts muss durch Übung und Leidenschaftslosigkeit bewirkt werden."

Buch I, § 13:

„Übung ist die ununterbrochene und wiederholte Anstrengung, dass das Gemüt in seinem unbewegten Zustand verbleiben soll."

‚Dies will sagen, dass wir, um Konzentration zu erwerben, wieder und wiederum Anstrengungen machen müssen, eine solche Herrschaft über das Gemüt zu erlangen, dass wir es zu jeder Zeit, wenn es uns nötig erscheint, in einen unbewegten Zustand zurückführen können, oder es auf irgendwelchen Einzelpunkt, unter Ausschluß aller übrigen zu richten vermögen.'

Buch I, § 14:

„Diese Übung ist eine feste Stellungnahme gegenüber dem ins Auge gefaßten Ziel und muss mit Ausdauer für lange Zeit ohne Unterbrechung ausgeführt werden."

'Hieraus darf der Lernende nicht schließen, dass er nie Konzentration erwerben kann, wenn er ihr nicht jeden Augenblick seines Lebens widmet, denn die Worte *ohne Unterbrechung* beziehen sich bloß auf die Länge der Zeit, die für die Übung in Aussicht genommen wurde.'

Es gibt einige bewährte Kunstgriffe, welche die Ausübung der Konzentration erleichtern, und ich will nicht unterlassen, auf diese hinzuweisen. Der eine besteht darin, dass man irgendeinen Gegenstand fest ins Auge fasst, der andere in geregelter, ruhiger Handhabung des Atems.

Patanjali gibt folgende Winke:

Buch I, § 34:

„Zerstreuungen können durch eine geregelte Beherrschung oder Leitung des Atems beim Einatmen, Atemanhalten und Ausatmen bekämpft werden."

Bei den ersten Versuchen, das Denken zu beherrschen, wird der Anfänger ganz unwillkürlich auch den Atem anhalten. Diese Neigung bildet ein Hindernis, das überwunden werden muss. Wir dürfen nicht über den Atem stolpern, sondern müssen uns daran gewöhnen, den Atem ruhig und normal weiterlaufen zu lassen. Auch muss jede Gewaltanstrengung in dieser Hinsicht vermieden werden. Also kein überflüssiges Geschnaufe, bitte! Man übe anfangs nur wenige Minuten, setze dann einige Zeit aus und wiederhole das Experiment. Auch hier gelten die Sprichwörter: „Eile mit Weile" und „Blinder Eifer schadet nur."

Buch I, § 36:

„Ein Hilfsmittel zwecks Erlangung von Festigkeit des Gemüts kann in einer unmittelbaren Sinneswahrnehmung gefunden werden."

Ein Punkt an der Wand kann als Konzentrationsmittel benützt werden. Sobald das Gemüt die Neigung zeigt, von diesem Punkte abzuschweifen, muss es wieder und immer wieder auf denselben zurückgeführt werden.

Etwa eintretende Neigung zur Schläfrigkeit muss ebenfalls energisch überwunden werden. Der Schüler darf nicht passiv-negativ werden, sondern muss klar bei Sinnen bleiben. Er würde sonst mediumistische Neigungen entwickeln oder in Autohypnose geraten.

Der Yoga bezweckt aber gerade das Gegenteil: konzentrierte Anspannung des geistigen Willens. Man berichtige den weitverbreiteten Irrtum, als ob der Yoga autohypnotische Zustände anstrebe. Um eiserne Disziplin der Gedankenkräfte handelt es sich! Die Herrschaft über die. Gedankenelemente soll erlangt werden. —

Falsch und gefährlich ist es auch, Hellsehkräfte durch Konzentrationsübungen erkrampfen zu wollen, wie dies von Irrlehrern nahegelegt wird. Alles selbstsüchtige Gebären ist hier verwerflich. Nur das Motiv, höhere Selbstbeherrschung anzustreben, darf den Yogaschüler leiten.

Mit Bezug auf diese Praxis finden wir in der *Bhagavad Gita*, der Perle der Upanishaden (Judge-Übertragung) im VI. Kapitel folgende schöne und lehrreiche Stelle:

„Diese göttliche Schulung (des Raja Yoga) wird nicht erlangt von dem Menschen, welcher mehr als genug oder zu wenig isst, oder welcher zu viel schläft oder zu lange wach bleibt. Die den Schmerz zerstörende Meditation (damit ist die Beherrschung des Denkprinzips gemeint) wird in demjenigen erzeugt, welcher in Essen, Bewegung und Tätigkeit gemäßigt ist und Regelmäßigkeit im Schlafen und Wachen beobachtet. Wenn der so lebende Mensch sein Herz auf das wahre Selbst (seinen göttlichen Genius) konzentriert und frei von aller Neigung zu den Begierden ist, dann wird gesagt, dass er Yoga erreicht hat.

Von einem Weisen mit auf das *Selbst* konzentriertem. Herzen, der zur Ruhe gekommen und frei von Neigung zu den Begierden ist, wird gesagt, er sei ‚wie eine Lampe, die nicht flackert, wenn sie gegen den Wind geschützt ist'.

Wenn er durch die Ausübung des Yoga gefestigt und zur inneren Ruhe gelangt ist und das Selbst (das göttliche Selbst, Atma) durch das Selbst sieht, dann ist er zufrieden.

Wenn er mit der grenzenlosen Glückseligkeit bekannt wird, welche in keiner Beziehung zu den sinnlichen Dingen steht, und sich dann nicht mehr von der Wirklichkeit entfernt, über welche er nach ihrer Erlangung nichts höher stellt und von welcher er sich selbst nicht durch den größten Schmerz abbringen lässt: Erkenne, dass diese Scheidung vom Schmerz bezeichnet wird als Yoga, spirituelle Vereinigung oder Hingabe, nach welcher ein Mensch im Glauben und mit Beständigkeit streben soll.“

„Wenn er jede Begierde verlässt, welche sich in der Vorstellungskraft erhebt und durch das Gemüt die Sinne und Organe bändigt, welche zur Tätigkeit in jeder Richtung antreiben, und wenn er Geduld besitzt, dann findet er nach und nach Ruhe; wenn er sein zur Ruhe gekommenes Gemüt auf das wahre Selbst richtet, dann sollte er an nichts anderes denken.

Auf welches Ding das unbeständige Gemüt sich auch richtet, er sollte es unterjochen, zurückführen und auf das Selbst (das wahre Selbst, der göttliche Genius im Menschen) konzentrieren.“

„Höchste Glückseligkeit wird sicherlich dem Weisen zuteil, dessen Gemüt so im Frieden ist, dessen Leidenschaften und Begierden unterjocht sind und der ohne Sünde im wahren Selbst lebt.

Wer so hingebungsvoll und frei von Sünden ist, erlangt die höchste Freude ohne Schwierigkeit: Vereinigung (durch Erleuchtung) mit dem höchsten Geist (dem unendlichen Lichtmeer der Gottheit).

Der Mensch, welcher von dieser Hingabe durchdrungen ist, der die Einheit aller Dinge erkennt, der sieht den höchsten Geist in allen Dingen und alle Dinge im höchsten Geist. Wer mich (das Göttliche) in allen Dingen sieht und alle Dinge in mir, der verliert seinen Halt an mir nicht und ich verlasse ihn nicht.

Und wer im Glauben an die spirituelle *Einheit* mich verehrt, der ich in allen Dingen bin, ein solcher ist bei mir, in welchem Zustande er sich auch befinde. Derjenige, o Arjuna, welcher durch die in ihm selbst wahrgenommene *Einheit* nur eine Wesenheit in allen Dingen sieht, seien sie nun gut oder übel, dieser wird von mir als der Erste meiner Ergebenen betrachtet.“

Arjuna, der Yogaschüler:

„O Vernichter des Madhu, ich sehe keine Möglichkeit, wie dieser von dir dargelegte Yoga des Gleichmutes beständig durchgeführt werden kann, da das Gemüt von so rastloser Natur ist. Gewiss, o Krishna, ist das Gemüt aufgeregt ungestüm, stark und widerspenstig. Ich glaube, dass die Beherrschung desselben ebenso schwierig ist wie die Zügelung des Windes. “

Krishna, der arische Christus:

„O du mit mächtigen Armen, gewiss ist das Gemüt ruhelos und schwer zu zügeln; aber es kann beherrscht werden, o Sohn der Kunti, durch *Übung* und durch Abwesenheit von Begierde. Nach meiner Anschauung ist diese göttliche Disziplin, Yoga genannt, sehr schwer für jemand, welcher sein Herz nicht in seiner Macht hat; dennoch kann sie erlangt werden durch die entsprechenden Mittel (nämlich das Ausschalten oder Unterdrücken des Denkprinzips nach dessen Reinigung) und von jemand, welcher beharrlich ist und sein Herz beherrscht.“

Arjuna:

„Was wird aus dem Menschen, o Krishna, der wohl Glauben hatte, aber seine Hingabe nicht vollkommen machen konnte, weil sein unbeherrschtes Gemüt von der Disziplin sich losriss? Wird er gleich einer zerstäubten Wolke ohne Hilfe vergehen, o du Starkarmiger, nachdem er auf beiden Seiten abgewichen und im Pfad zum höchsten Geist getäuscht ist? O Krischna, löse mir diesen Zweifel, da es sonst niemand gibt, der mich davon befreien könnte.“

Krishna:

„Für einen solchen Menschen, o Sohn der Pritha, gibt es kein Untergehen, weder hier noch jenseits. Denn niemals, mein Sohn, kann jemand an einen üblen Ort kommen, der Gutes tut. Der Mensch, dessen Hingabe durch den Tod unterbrochen werden ist, geht in die Regionen der Gerechten, wo er für eine ungeheuere Zahl von Jahren wohnt, wonach er bei einer reinen und glücklichen Familie zur Wiedereinkörperung gelangt, oder vielleicht in einer jener Familien, die spirituell erleuchtet sind.

Aber eine Geburt gleich der letzteren Art ist schwer zu erlangen. Durch eine solche Wiedereinkörperung kommt er in Berührung mit der Erkenntnis, die ihm in seinem letzten Körper eigen war, und von da ab, o Sohn der Kunti, ringt er noch eifriger nach Vollkommenheit.

Denn ihm selbst unbewusst, wird er durch seine früheren Übungen zu weiterer Arbeit hingeführt, und wenn er nur ein gewöhnlicher Forscher über die Meditation wäre, so tritt er doch über den Buchstaben der Veden hinaus.

Aber der Ergebene, welcher mit voller Stärke arbeitet, erlangt Vollkommenkeit zufolge der in vielen Einkörperungen gemachten Anstrengungen und geht in das höchste Ziel ein. Der eben beschriebene Mensch der Meditation steht über dem Menschen der Bußübungen, dem gelehrten Menschen und dem Tatenrnenschen.

Deshalb, o Arjuna, entschließe Dich, ein Mensch der Meditation zu werden. Aber von allen Ergebenen betrachte ich den als den besten, der glaubensvoll sein Herz mit mir vereint und mich verehrt."

Und ferner:

„Der Yogi sollte sich an einem unbefleckten Ort seinen Sitz bereiten, fest, weder zu hoch noch zu niedrig und bereitet aus Kusagras, bedeckt mit einem Fell und einem Tuch. Dort sollte er für die Reinigung des Selbst die Meditation üben, sein Gemüt auf einen Punkt richten, die Veränderungen des denkenden Prinzips beherrschen und die Tätigkeit der Sinne und Organe zügeln. Indem er seinen Körper, Kopf und Genick fest und aufrecht hält, im Gemüt entschlossen und den Blick auf die Nasenspitze gerichtet, ohne davon irgendwie abzuweichen, mit ruhigem Herzen und furchtlos, sollte der Yogi fest in dem Gelübde das Brahmacharya (d. h. Brahmanschülers; hat auch die Nebenbedeutung von Keuschheit) verweilen, seine Gedanken beherrschen und sein Herz auf mich (die unendliche Gottheit) richten."

Glaube keiner, dass er die Übung nicht ausführen könne, weil er gerade kein ... Kusagras zur Verfügung hat! Es genügt irgendein bequemer Sitz in einem ruhigen, ungestörten Raum. Auch empfiehlt es sich, die Meditationsübung morgens zu machen, wenn das Nervensystem noch seine volle Spannkraft besitzt, denn ein erschöpfter Körper ist wenig geeignet.

Die Praxis der Gedankenbeherrschung besitzt auch hohen hygienischen Wert. Dass rastloses, ununterbrochenes Denken die Nervenkraft rapid erschöpft, ist zu bekannt, als dass es an dieser Stelle besonders betont werden muss.

Wer aber einmal die Fähigkeit erworben hat, die Denkmaschine jederzeit und beliebig lange zum Stillstand zu bringen, der erzielt durch diese Übung eine Beruhigung seiner Kopfnerven und eine wohltuende Entspannung des gesamten Nervensystems. Beherrschung des Denkprinzips ist auch ein vorzügliches Mittel gegen Schlaflosigkeit. Viele sensitive und nervöse Menschen gelangen nur deshalb nicht zum Einschlafen, weil sie unaufhörlich über die verschiedenen Ereignisse des verflossenen Tages oder über frühere unangenehme Erlebnisse nachdenken und nicht die geringste Herrschaft über ihr Denkprinzip besitzen.

Der spirituelle *Wille* muss soweit geschult werden, dass der Schüler fähig wird, jeden Gedanken, jedes Gefühl und jeden Impuls, der der niederen und unreinen Sphäre entstammt, mit Leichtigkeit niederzuschlagen. *Raja Yoga* bedeutet *Befreiung* und *Freiheit* von der herabwürdigenden Sklaverei der niederen psychischen Kräfte.

Erst durch diese Praxis gelangt der Mensch zum Erfassen seiner wahren göttlichen Individualität und zum hochgeistigen Lebensgenuss, denn Unlustzustände wie Ärger, Zorn, Neid, Eifersucht, Furcht, Launen usw. duldet der Raja Yogi nicht in seinem Bewusstsein.

Schon ein kleiner Bruchteil seines machtvollen, geistigen Willens genügt, um solche Schmarotzer auszutreiben. Im

Vergleiche hierzu ist die Lebensweise des Alltagsmenschen elendes Vegetieren, traurige Sklaverei unter dem Joch der, unreinen, psychischen Elemente.

Ist nicht das Leben vieler Menschen eine einzige, ununterbrochene Kette von Unlustzuständen? Wo bleibt da der wahre Lebensgenuss, selbst wenn die äußeren Verhältnisse noch so glänzend sind? Wird der psychisch-negative Profane (Nichteingeweihte) nicht von jedem fremden Einfluss überwältigt und oft bis ins Innerste erschüttert?

Die alten Arier wussten wohl, dass *Raja Yoga* den psychologischen Schlüssel zur wahren Glückseligkeit bildet und dass dieses wahre Glück in der *Erhabenheit* unseres spirituellen *Willens* über die uns umgebenden Verhältnisse besteht, in der Stärke eines Wollens, das nur vom Glanze des uns überschattenden göttlichen *Genius* und *seiner erleuchtenden Macht* übertroffen wird.

Vom „latenten Genius“ (manas-buddhi).

Was die gewiegtesten Psychologen des Westens nur unbestimmt ahnen, nämlich die Existenz eines „Doppelichs“, d. h. eines empirischen Ichs und eines transzendentalen Subjekts, war den Meistern der arischen Psychologie, den Praktikern im *Raja Yoga*, schon vor Jahrtausenden genau bekannt, wie anhand der Sanskrittexte gezeigt werden kann.

Sie wussten, dass das menschliche Bewusstsein sozusagen aus zwei verschiedenen „geistigen“ Strömungen oder „Schichten“ besteht, d. h. aus einer intellektuellen und einer spirituellen (überintellektuell-transzendentalen) Schicht.

Die intellektuelle besteht aus dem beständig wechselnden Strom der Gedanken und Gedankenbilder, die Spirituelle Schicht ist jenes höhergeistige und einheitliche Bewusstseinszentrum oder Bewusstseinsfeld, welches, bildlich gesprochen, als unveränderlicher Zuschauer über dem Strom, über dem wechselnden Panorama der Gedanken steht und, wenn durch Übung erweckt, die Macht hat, den Gedankenstrom zu lenken, zu stauen und eventuell ganz zu beherrschen. Erst wenn wir das Denken auf längere Zeit restlos beherrschen können, erkennen wir dieses spirituelle (überintellektuelle) Bewusstseinszentrum (manas-buddhi) mit voller Klarheit — nicht früher.

Wir sind dann dem sogenannten „Unterbewusstsein" um einen Schritt näher gekommen. Richtiger wäre freilich die Bezeichnung „überintellektuelles" Bewusstsein, denn es handelt sich, wie erwähnt, um eine Bewusstseinsschicht, die über der Verstandestätigkeit steht und als die beginnende Äußerung des bis dahin latenten Genius betrachtet werden kann.

Die arischen Eingeweihten erkannten recht wohl, dass dieses höhere Bewusstseinszentrum nicht etwa das Resultat physiologischer Funktionen ist, sondern dass es im Transzendentalen, im *Übersinnlichen* verankert ist, in einem noch lichteren Geistigen, nämlich im kosmischen Bewusstsein (Atma) wurzelt, und dass es ferner durch geeignete Methoden möglich ist, unser spirituelles Bewusstsein zu erweitern und auf diesem Wege dem kosmischen Bewusstsein oder der höchsten Bewusstseinsschicht im Weltall, dem „unendlichen Lichtmeer der Gottheit" näherzukommen, ja mit ihm eins zu werden.

Diese bewusste Einswerdung mit der ewigen, alles durchdringenden göttlich-geistigen Urkraft im All bildet das Endziel des Yoga.

Dieser mehr göttliche als menschliche *Bewusstseinszustand*, den der vollendete *Raja Yogi* erreicht, wird im Buddhismus Nirwana, im Brahmanismus Moksha und im System des Patanjali Kaivalyam (Absolutheit) genannt. Der falschberatene Laie sieht im Nirwana … Vernichtung. Gerade das Gegenteil ist wahr!

„Das Wissen, das du nun dein eigen nennst, ist nur dein Eigentum, weil deine Seele in eins verschmelzen ist mit allen Seelen und eins geworden ist mit dem Innersten. Es ist ein Schatz vom Hörhsten dir vertraut. Doch täuschst du sein Vertrauen, missbrauchst dein Wissen du, lässt du es schlummern, wo du es nützen solltest, dann selbst von der erklommenen Höhe ist der Sturz noch möglich.

An der Schwelle selbst da weichen noch Erhabene zurück, unfähig, die Verantwortung zu tragen und außerstand, sich höher aufzuschwingen. Darum gedenke stets mit heiliger Furcht, mit bangem Zittern dieses Augenblicks und rüste dich im voraus zu dem Kampf."

„Es steht geschrieben, dass es nicht Gesetz noch Führer gibt für jenen, dessen Fuß die Schwelle zu der Göttlichkeit betritt. Doch werde zu des Jüngers Klärung der Kampf bezeichnet durch dies Wort:

„An dem halt fest, was sonder Stoff und Dasein."

Aus „Licht auf den Weg".

Psycho-physiologische Resultate

Wenn der Strebende restlose Herrschaft über das Denkprinzip, das ätherisch-geistige Gedankenelement, erlangt hat und die Praxis der systematischen und intensiven Selbstbeherrschung zielbewusst fortsetzt, dann erreicht er, freilich erst nach jahrzehntelanger Schulung, einen solchen Grad spiritueller Willenskraft (Yogakraft), dass es ihm möglich wird, mithilfe der neu erweckten *Energiezentren* des *Gehirns* verschiedene Nervenzentren und Organe des Körpers, z. B. Sonnengeflecht, Herz, Milz usw. bewusst in ihrer Tätigkeit zu beeinflussen, ja ihre Funktionen beliebig zu beherrschen.

Die Beherrschung der Physis bis zu einem solchen Grade wird vielen neu und nahezu unfassbar erscheinen, doch war sie den antiken Raja Yoga-Schulen wohlbekannt und moderne Praktiker pflichten derselben Anschauung bei.

Mit Bezug hierauf heißt es in der weisen Kâthaka Upanishad (sprich: Kat-haka Upanischad) Vers 17 (Deussens Übersetzung):

> *Der Purusha (gemeint ist nicht der Atma, sondern der manomaya purusha bzw. das höhere, transzendentale Manas, welches wir als „Gewissen" fühlen) zollhoch, als innere Seele*
> *Ist stets zu finden in der Geschöpfe Herzen.*
> *Den ziehe aus dem Leibe man — wie den Halm aus dem Schilfe — besonnen,*
> *Den wisse man als Reines, als unsterblich, —*
> *Den wisse man als Reines, als unsterblich.*

Damit ist angedeutet, dass der fortgeschrittene Raja Yogi die Macht besitzt, durch gigantische Anspannung seiner höheren Energien das im Herzen seinen Hauptsitz habende transzendentale Bewusstseinszentrum nach dem Kopf zu verlegen, und zwar an die Stelle zwischen den Augenbrauen, oberhalb der Nasenwurzel, ein Punkt, der technisch das *Avimuktam* genannt wird und in den heiligen Schriften der Indo-Arier häufig erwähnt ist.

So finden wir z.B. im Athen va Veda folgende schöne Stelle:

„Da sprach Atri zu ihm: Yâjnavalkya! Jenen unendlichen, unoffenbaren Atman, wie kann ich den erkennen?

Und Yâjnavalkya sprach:

Jener unvergängliche, unendliche, unoffenbare, vollkommene Wonne als einzigen Geschmack habende, geistige Atman, — dieser unendliche, unoffenbare Atman, der ist in Avimuktam befindlich.

Aber wo ist dieser Avimukta-Ort zu suchen? ... Es ist der Verbindungsort zwischen Augenbrauen und Nase. Denn dieser ist der Verbindungsort zwischen der Himmelswelt und der höchsten Welt (des Atman). Darum verehren die Brahmankenner diesen Verbindungsort als die Verbindungszeit (Dämmerung).

Denn in Avimuktam, so wissen sie, soll man ihn (den Atmen) verehren. Der bekundet sein Wissen als avimuktam (unverlierbar), wer dieses also weiß."

Aus Deussens „Sechzig Upanishaden" S. 823.

Und in der „*Stimme der Stille*", jenem kostbaren Geschenk der tibetanischen *Schulen des Dzyan*, unter der Leitung des *Maha Chohan*, des Schutzherrn aller vollendeten Yogis, werden den Jüngern folgende Weisungen gegeben:

„Wenn durch der Weisheit Halle zum Tal der Wonne willst gelangen, Jünger, du, so schließe ab die Sinne gegen diese große Ketzerei, die Trennungssucht, die schreckliche, die von den anderen entfremdet dich."

„Lasse nicht dein „Himmelisch-Geborenes", gesunken in die See von Maya (Illusion) ein, entwöhnen sich dem elterlichen Stamm (der Seele) des Weltalls; dagegen lasse die feurige Kraft zurückziehen in die innerlichste Kammer sich, die Herzenskamrner, wo die Weltenmutter thront."

(Die innere Kammer des Herzens, im Sanskrit Brahmapura genannt. Die „feurige Kraft“ ist Kundalini.

Die „Macht“ und die „Weltenmutter“ sind Bezeichnungen, welche Kundalini, einer der mystischen „Yogi Kräfte“ erteilt werden.

Es ist Buddhi, als ein aktives, statt ein passives Prinzip [das es im Allgemeinen ist, wenn es nur als das Vehikel oder Behälter des höchsten Geistes, Atma, angesehen wird] betrachtet. Es ist eine elektro-spirituelle Kraft, welche, wenn sie zur Tätigkeit erweckt wird, ebenso leicht töten als erschaffen kann.)

„Dann aus dem Herzen diese Kraft wird sich erheben in die sechste Region, in die der Mitte, welche zwischen deinen Augen liegt, wenn sie zum Atem wird der einen Seele, der Stimme deines Meisters, welche alles fühlt.“

„Erst dann kannst du ein „Wanderer am Himmel“, der über alle Wogen weg auf Winden schreitet hin, ohne dass sein Fuß die Wasser je berührt.“

(Keshara — „Himmels-Wanderer“ oder „Himmelsgeher“. Wie in der sechsten Adhyâya, dieses Königs der mystischen Werke, dem Jnâneshvari, erklärt, wird der Körper des Yogi zu einem windgeformten, zu einer „Wolke, aus welcher Glieder entsprossen sind“, worauf „er [der Yogi] die Dinge jenseits Meer und Sterne sieht, die Sprache der Devas [Genien] hört und begreift und erfasst, was im Gemüt der Ameise vorgeht“.) Aus „Stimme der Stille“.

In der Tat gipfelt die ganze höhere Schulung im antiken Raja Yoga in der bewussten (!) Befreiung und Lostrennung des spirituellen Bewusstseinszentrums (das früher latent, jetzt aber manifest ist) von den Banden der Materie des Körpers. (Bei Medien findet diese Abtrennung des „Fluidalkörpers“ nur unbewusst statt.)

Oder um klarer zu sprechen: der Strebende erlangt in den höheren Phasen seines Entwicklungsganges die geistige Macht, das spirituelle Bewusstsein, das in uns allen als negativ-passive Strömung, als „latenter Genius“, als „Unterbewusstsein" oder wie wir es nennen wollen, der Erweckung und Entfaltung harrt, zur vollen Tätigkeit zu erwecken, bis es schließlich als eine vom Körperlichen unabhängige Wesenheit (Bewusstseinseinheit) stark genug wird, die Anziehung des Stofflichen zu überwinden und sich außerhalb des Körpers zu betätigen, mit dem es jedoch „magnetisch" verbunden bleibt.

„Wenn in dem Maße, als sie wächst, dem sicheren Zufluchtsort entschlüpft die Seele dein, wenn sie sich losreißt aus dem Schutz des Schreins und, ihren Silberfaden dehnend, vorwärtsstürmt, wenn sie im Schauen ihres Bildes auf des Raums Wogen sich zuraunt: „Das bin ich" — so sage dir, o Jünger, dass die Seele dein gefangen ist im Spinngewebe des Wahns." (Stimme der Stille.)

(Nach arischer Auffassung gilt allein der Atman als das wahre und ewige Ich des Menschen; alle anderen Bewusstseinsträger gelten als zeitlich, vergänglich und deshalb trügerisch.)

In den Yoga-Aphorismen Buch II 526 finden wir folgenden Hinweis:

„Das Mittel, um den Zustand des Gebundenseins an das Stoffliche zu verlassen, ist, vollkommene, unterscheidende Erkenntnis beständig aufrechterhalten.

Hierzu bemerkt W. Q. Judge:

„Wichtig ist hierbei — unter anderem —, dass der Mensch, der die Vollkommenheit spiritueller Entfaltung erreicht hat, das Bewusstsein gleicherweise aufrecht erhält, während er im Körper weilt, im Augenblick, wo er ihn verlässt und wann er in höheren Sphären übergegangen ist, und ebenso besteht es ununterbrochen fort, während er höhere Sphären verlässt, wenn er wieder in seinen Körper eintritt und wenn er die Tätigkeit auf der materiellen Ebene wieder aufnimmt."

Bei dieser Gelegenheit will ich nicht versäumen, auf eine yoga-technisch hochwichtige Abhandlung aus der Feder W. Q. Judges zu verweisen. Über die gradweise Entwicklung des transzendentalen *Bewusstseinsträgers* wird dort folgendes ausgeführt:

„Es wird im Allgemeinen übersehen oder nicht geglaubt, dass der innere Mensch, welcher allein diese (transzendentalen) Kräfte besitzt, ebenso herangereift sein muss, wie der Körper zur Volljährigkeit herangewachsen sein muss, ehe seine Organe ihren Funktionen völlig gerecht werden können. Mit diesem inneren Menschen meine ich nicht das höhere *Selbst* — den vorher genannten Ishwara (*Atma*) —, sondern jenen Teil von uns, welcher als Seele, Astralmensch, Vehikel usw. bezeichnet wird.

Alle die Bezeichnungen sind einer Korrektur unterwerfbar; man sollte sich nicht strenge an die von verschiedenen Autoren gegebenen Anschauungen halten. Wir unsererseits wollen zugrunde legen: erstens den sichtbaren Körper, zweitens den inneren Menschen (manas) — nicht den Geist —, drittens den (universalen) Geist (Atma) selbst."

„Wenn es nun auch richtig ist, dass der zweite oder innere Mensch (gemeint ist das atomistische, höhere manas. Anm. d. Verf.) alle die dem Astralkörper zugeschriebenen Kräfte und Eigenschaften latent besitzt; so ist es gleicherweise wahr, dass diese Kräfte bei der Gesamtheit der Menschen noch latent oder nur sehr wenig entwickelt sind."

„Dieser innere Mensch ist sozusagen unentwirrbar in dem Körper, in jeder Zelle und Faser wenig verwickelt; er existiert im Körper auf eine ähnliche Weise, wie die Fiber der Mangofrucht in der Mango. Bei dieser Frucht sehen wir, wie von der inneren Nuss tausende von feinen Fasern durch das sie einhüllende gelbe Fleisch hindurchlaufen. Wenn man diese Frucht essen will, so hat man große Schwierigkeiten durch das Ausscheiden der Fibern aus dem Fleisch. So kann auch das innere Wesen, von dem wir sprechen, nicht viel tun, wenn es von seinem Körper entfernt ist; es wird von diesem Körper immer beeinflusst. Deshalb ist es nichts leichtes, den Körper beliebig zu verlassen und im ‚Astralkörper' (Fluidalkörper) herumzustreifen.

Die Geschichten, welche hierüber existieren und uns sagen, dass dies leicht auszuführen sei, müssen entweder einer üppigen Fantasie, persönlicher Eitelkeit oder anderen Ursachen zugeschrieben werden. Eine der häufigsten Ursachen zu Irrtümern über den Doppelkörper besteht darin, dass ein Hellsehender gerne ein einfaches Gedankenbild (vom menschlichen Gehirn in die Äthersubstanz projiziert) einer Person für diese selbst ansicht.

Tatsächlich wird seitens wahrhaftiger Okkultisten (Raja Yogis) das Heraustreten aus dem Körper nach Belieben und das Herumschweifen in der Welt als ein sehr schwieriges Kunststück betrachtet, und zwar aus den eben angeführten Gründen.

Da ein Mensch mit seinem Körper ganz innig verknüpft ist, so ist es eine absolute Notwendigkeit, dass er sich sorgfältig, Fiber um Fiber, aus der umgebenden Masse von Blut, Knochen, Lymphe, Galle, Haut, Fleisch usw. herauszieht.

Ist dies leicht? Es ist weder leicht noch rasch ausführbar und kann auch nicht auf das erste Mal hin bewerkstelligt werden, sondern erfordert jahrelange, sorgfältige Schulung und zahlreiche Versuche.

Und es kann nicht eher bewusst geschehen, als bis sich der innere Mensch entwickelt hat und nicht, gleich unverantwortlicher und zitternder Gallerte, noch haltlos ist. Diese Entwicklung und Festigkeit wird gewonnen durch die Vervollkommnung der *Konzentrationskraft*." —

„Wie durch Experimente und Belehrungen klargemacht wurde, stimmt es auch nicht, dass wir während des Schlafes im Lande herumstreifen, unsere Freunde und Feinde sehen oder irdische Freuden an entfernten Orten genießen. Wenn der Mensch jedoch eine gewisse Konzentrationsfähigkeit erlangt hat, ist es wohl möglich, dass der schlafende Körper gänzlich verlassen wird; aber diese Fälle sind noch nicht in der Mehrzahl."

„Die meisten von uns bleiben in nächster Nähe ihrer schlafenden Körper. Es ist nicht notwendig für uns. dass wir aus dem Körper gehen, um die verschiedenen Bewusstseinszustände — das Privilegium eines jeden Menschen — zu erfahren. Wir können überhaupt nicht aus dem Körper und gar meilenweit fortgehen, bevor wir nicht dazu befähigt sind, und dies ist erst dann der Fall, wenn der notwendige ätherische Körper erlangt ist und wir seine Kräfte zu gebrauchen gelernt haben.“

„Nun hat dieser ätherische Körper auch seine eigenen Organe, welche die Essenz, die wirkliche Basis der uns bekannten Sinne sind. Das äußere Auge ist nur das Instrument, vermittels dessen die wirkliche Sehkraft dasjenige erfährt, was sich auf das Schauen bezieht, das Ohr hat seinen inneren Meister, die Kraft des Hörens, und so ist es auch mit allen anderen Organen.

Diese wirklichen inneren Kräfte entströmen dem Geiste (Atma bzw. Manas), von dem wir zu Anfang dieses Aufsatzes geschrieben haben. Dieser Geist (manas) nähert sich den sinnlichen Dingen, indem er über die verschiedenen Sinnesorgane herrscht. Und wo immer er sich zurückzieht, da können die Organe nicht benutzt werden. Ähnlich, wie wenn ein Nachtwandler mit offenen Augen umhergeht, ohne dass dieselben irgendetwas bemerken, obgleich Gegenstände da sind und die verschiedenen Teile seiner Augen vollkommen normal und unbeschädigt sind.“

„Für gewöhnlich vermag man die Grenzlinie zwischen den inneren und äußeren Augen nicht zu erkennen; das innere Ohr ist zu innig mit dem äußeren verknüpft, um getrennt erkennen zu können.

Beim Beginnen der Konzentration fangen die verschiedenen inneren Organe jedoch an zu erwachen und sich von den Banden ihrer körperlichen Gegenstücke zu trennen. Auf diese Weise beginnt der Mensch, seine Kräfte zu verdoppeln. Seine körperlichen Organe werden dabei nicht geschwächt, sondern bestehen weiter zum Gebrauch auf der ihnen zugehörigen Ebene; er erlangt nur noch eine Reihe, welche er getrennt von den ersteren auf der ihrer Natur entsprechenden Daseinsregion benutzen kann.“

„Wir finden hier und da Fälle, dass gewisse Teile dieses inneren (transzendentalen) Körpers bis zu einem bestimmten Grad über die anderen hinaus entwickelt worden sind. Manchmal ist nur das innere Gehirn allein entwickelt; wir haben dann jemand, welcher hellsehen und hellhören kann. Ein anderes Mal ist vielleicht nur eine Hand entwickelt, während alles andere nebelhaft und unbeständig ist. Es mag die rechte Hand sein; dann wird ihr Besitzer gewisse Erfahrungen haben, welche jener Naturregion angehören, der die rechte Hand zugehört, sagen wir der positiven Seite der Berührung und des Gefühls."

„In solchen anormalen Fällen fehlen stets die Resultate der Konzentration. Es wurde nur ein gewisser Teil herausgearbeitet; beispielsweise wie der Seekrebs sein Auge am Ende des Körpers hervortreibt, welcher es trägt.

Oder nehmen wir einen Fehl, wo jemand in außergewöhnlicher Weise eines der inneren Augen, z. B. das linke Auge, entwickelt hat; dieses steht in Beziehung zu einer ganz anderen Naturregion als die Hand und die Erfahrungsresultate sind ebenso verschieden. Ein solcher Mensch wird nun ein Hellseher von bestimmter Art sein, welcher nur dasjenige erkennen kann, was in Beziehung zu seiner einseitigen Entwicklung steht und der in völliger Unwissenheit über viele andere Eigenschaften des von ihm gesehenen oder gefühlten Dinges ist, weil die hierfür nötigen Organe bis jetzt noch nicht entwickelt worden sind.

Dieser Mensch wird gleich einem zweidimensionalen Wesen sein, welches nie dasjenige erkennen kann, was dreidimensionale Wesen wissen; er wird auf dem Standpunkt stehen, auf welchem wir uns im Vergleiche zu vierdimensionalen Wesen befinden."

„Im Verlaufe des Wachstums dieses ätherischen Körpers sind verschiedene Dinge zu beobachten."

„Das Wachstum beginnt durch das Erscheinen einer wolkigen, zitternden Form mit gewissen Energiezentren, welche durch die einsetzende Bildung von Organen entstehen, die mit Gehirn, Herz, Lunge, Milz, Leber usw. korrespondieren. Der ganze Entwicklungsgang verfolgt denselben Werdegang wie ein Sonnensystem und ist in Wirklichkeit beherrscht und beeinflusst durch das wirkliche Sonnensystem, zu welchem die Welt gehört, auf der das betreffende inkarnierte Wesen sich befindet. Für uns wird der Prozess also durch unsere eigene Sonne geleitet."

„Wenn die Konzentrationsübung (Raja Yoga-Praxis) fortgeführt wird, dann fängt die erwähnte wolkige Masse an, mehr Zusammenhang zu gewinnen und sich in einen Körper mit verschiedenen Organen zu gestalten.

Und so wie diese wachsen, so müssen sie auch gebraucht werden. Es müssen Versuche mit ihnen gemacht werden, Proben und Prüfungen. In der Tat geht es wie bei einem Kind; wie dasselbe erst kriechen muss, ehe es gehen kann und erst gehen lernen muss, bevor es springen zu lernen vermag, so muss sich auch der ätherische Mensch nach und nach ausbilden.

Aber wie das Kind viel weiter sehen und hören, als es kriechen und laufen kann, so fängt das ätherische Wesen gewöhnlich zu sehen und zu hören an, ehe es den Körper für irgendeine längere Reise zu verlassen vermag."

Praktische Resultate

Wenn es auch durchaus richtig ist, dass das Erreichen der höheren und höchsten Grad im Raja Yoga nur verhältnismäßig wenigen, besonders begabten Menschenkindern vergönnt ist, so wäre es doch andererseits Selbstschädigung, anzunehmen, dass die mehr elementaren Stufen eine Sache ohne großen, praktischen Wert seien, und dass es keinen Zweck habe, in die Praxis einzutreten, sofern man schon im Voraus vom Nichterreichen der Meisterschaft in diesem Erdenleben überzeugt ist.

Hier gelten die Worte der Bhagavad Gita: „Schon wenig von dieser Praxis schützt vor großer Gefahr". Lehrt uns nicht die praktische Lebenserfahrung, dass ein einziger Augenblick unbeherrschter Leidenschaft, ein einziges „Ja" oder „Nein", von der „niederen Natur" eingeflößt, manchem Ahnungslosen das Lebensglück gekostet hat?

Wer diese Selbstschulung auch nur sechs Monate durchführt, der wird einen gewaltigen Schritt in der Erkenntnis tun, und jene, welche auf eine mehrjährige Praxis zurückblicken können, werden gerne bestätigen, dass das praktische Studium des Raja Yoga nicht nur das interessanteste, sondern auch das dankbarste Strebensziel ist, welches sich ein menschliches Wesen erwählen kann. Eine körperliche, intellektuelle und moralische Neugeburt wird die Folge sein. Der Strebende wird gar bald unwiderlegliche Beweise bekommen, dass der *Geist* es ist, der sich den Körper baut, und dass die beständig durchgeführte *Aufspeicherung* der *Lebensenergie* die Natur befähigt, harmonischere Formen des Körpers zu gestalten, festere Strukturen seiner Gewebe und Zellen zu bilden und eine präzisere Abwicklung seiner Funktionen einzuleiten.

Das Fleisch wird fester, kompakter, die Haut reiner, klarer und glatter, das ganze Wohlbefinden ein gesunderes werden. Bestehende, etwa ererbte Prädispositionen zu chronischen Leiden und vorhandene Krankheiten werden schwinden, um neuer Lebensfreude, gesteigerter Lebensenergie Platz zu machen.

Das Gefühl erneuter Jugend wird sich einstellen und der Lehrsatz wird zum beseligenden Erlebnis: dass Raja Yoga die Kunst, zu leben, die Wissenschaft des Lebens ist.

Durch die beständige *Konzentration* auf das Ideal der höchsten Vollkommenheit werden alle reineren Seelenkräfte zu erhöhter, intensiverer Tätigkeit erwachen.

Denkkraft, Gedächtnis, Urteilsfähigkeit, Auffassungsvermögen, schöpferische Gestaltungskraft, Intuition (von Plato göttlicher Instinkt genannt), Genius und Inspiration, sie alle werden an die Stelle der niederen Neigungen treten und ein erleuchteter Wille wird seinen Herrscherthron im Heiligtum unseres Innern aufschlagen.

Der Strebende wird stark genug werden, den Versuchungen der Sinne, welche, Irrlichtern gleich, den Unerfahrenen in den Sumpf der Erniedrigung locken, erfolgreich zu widerstehen, er wird erkennen, dass die Gestaltung seiner Zukunft in seiner eigenen Hand liegt. Freud und Leid, wie sie die oberflächliche Menge auffasst, haben längst ihre Herrschaft über sein Gemüt verloren. Steht er doch vor der Erkenntnis, dass all diese nur das Resultat äußerer Einflüsse sind, Einflüsse, die unter dem mächtigen Strahl seines geschulten, geistigen Willens auseinanderstieben wie die Nebelschwaden vor dem Feuer der siegreich emporsteigenden Morgensonne.

Er hat die Quelle allen wahren Glücks im eigenen *Innern* gefunden, in seiner zum vollbewussten Leben erwachten spirituellen Individualität.

Der unvergleichlich hohe Wert des Raja Yoga für die Erziehung starker *Charaktere* liegt auf der Hand. Die an der Raja Yoga-Hochschule (jetzt Universität) zu Point Lama (Kalifornien) erzielten Resultate auf pädagogischem Gebiet finden die ungeteilte Bewunderung der Fachleute.

Die Gründerin des Raja Yoga-Erziehungssystems, Frau Katherine Tingley, hat auch in Schweden, auf der Insel Visingsö, bereits den Grundstein zu einer Raja Yoga-Erziehungsanstalt nach dem Point Lama-Vorbild gelegt, welche in den kommenden Jahren errichtet werden soll, und wird dann das europäische Publikum mehr Gelegenheit haben, Näheres über dieses einzigartige System zu erfahren.

Auch in den amerikanischen Staatsgefängnissen hat man bereits mit bemerkenswertem Erfolg begonnen, die Grundsätze des Raja Yoga auf die Erziehung der Sträflinge anzuwenden, um durch Erweckung der sittlichen Willenskräfte den Gefallenen das Mittel an die Hand zu geben, ihre niederen Tendenzen erfolgreich zu überwinden und sie zu brauchbaren Mitgliedern der menschlichen Gesellschaft umzugestalten.

Etwas Yoga-Psychologie wirkte Wunder, und so mancher „schwere Junge“, der zuvor die Verzweiflung seiner Wärter war, kam wieder ins seelische Gleichgewicht.

Die esoterische Psychologie der Antike

Die antike Raja Yoga bietet aber auch einen psychologischen *Meisterschlüssel* zu den Mysterien aller alten und modernen Religionen und Philosophien.

Im Lichte seiner Lehren, die wir im vorstehenden nur flüchtig andeuten konnten, gewinnen die großen, religiösen Systeme des Altertums an neuem Interesse, besonders dann, wenn wir uns mit der Tatsache vertraut machen, dass dieses psychologische System einstmals das Gemeingut aller antiken Mysterienkulte war, wenigstens in der Blütezeit der letzteren, und erst durch die systematische Unterdrückung der esoterischen Weisheitsschulen für den Westen eine Zeitlang verloren ging, um jetzt mit neuer Kraft seinen Siegeslauf im Okzident anzutreten.

Und da der Raja Yoga die eigentliche Urquelle alles östlichen Okkultismus ist und der älteste Vertreter alles Okkultismus überhaupt[1)], so betrachtete es der Verfasser als seine Pflicht und Aufgabe, die Forschung des Westens mit den Elementen der Praxis, soweit als angängig, bekanntzumachen.

---

l) Die Dichter der Rigveda, dem ein Alter von sechzehntausend Jahren zugeschrieben wird, waren Rishis, Seher, geschulte Raja Yogis.

Vom psychischen und spirituellen Willen

„Charakter ist ein vollkommen geschulter geistiger Wille.“ Um Charakterfestigkeit zu erlangen (der angeborene Charakter ist nur Temperamentssache), muss der Mensch zuvor wissen, wie er es anzufangen hat, um die höheren Willens- und Erkenntniskräfte zu wecken und zu entwickeln; dieses Wissen wird ihm erst durch das theoretische und praktische Studium der esoterischen Psychologie (Raja Yoga) zuteil.

Vor allem gilt es, zu erfassen, dass diese höhere Entfaltung des geistigen Willens überhaupt im Bereiche der menschlichen Möglichkeit liegt, und dass das große Ziel der Vollkommenheit, die Selbsterlösung, tatsächlich erreicht werden kann. Manchen erscheint dies unglaublich, wurde ihnen doch schon im frühesten Religionsunterricht die lähmende Suggestion beigebracht, dass der Mensch ein elender „Wurm im Staube“ sei, der nichts, rein gar nichts aus eigener Kraft vollbringen könne, sondern nur durch einen Mittler oder kirchliche Gnadenmittel erlöst werden könne.

Solcher Glaube ist eines Jüngers der arischen Geisteskultur unwürdig. Er muss überwunden werden. Niemals darf er vergessen, dass andere, vielleicht unter viel ungünstigeren Verhältnissen, das große Ziel praktisch erreicht haben. Der *Glaube* an die eigenen höheren Möglichkeiten und das von anderen erzielte hohe Resultat muss ihm Stütze sein. Dieser Glaube entspringt der Macht des göttlichen Genius im Herzen, der auf Befreiung wartet. Niemals darf der Strebende vergessen, dass er es hier mit einer Lehre zu tun hat, die sich aufgrund ihrer innewohnenden Wahrhaftigkeit durch die langen Jahrtausende erhalten hat — nicht um einen Dogmenglauben, von Staates Gnaden.

Zeitalter hindurch ist die höhere Yogalehre von Tausenden hochstehender Geister im Osten praktisch ausprobiert und als der höchste Ausdruck der transzendentalen Wahrheit wertgeschätzt worden.

So eifersüchtig wurde die Lehre behütet, dass sie Jahrtausende lang das ausschließliche Privilegium der Brahmanen- und Kriegerkaste blieb; den anderen Kasten war das Studium der Yogatexte verboten. *Buddha* erbarmte sich der Massen; aus sozialen Erwägungen heraus entschloss er sich, Bruchstücke der Yogaphilosophie in popularisierter Form vor die Öffentlichkeit zu bringen.

Daher der Hass der Brahmanen gegen die neue Lehre. So hoch wurde die Kenntnis des Raja Yoga im alten Indien angeschlagen, dass selbst Fürsten- und Königssöhne in die Einsamkeiten des heiligen Himavat (Himalaya) zogen, um bei den großen Meister-Yogis Einweihung in die Gupta-Vidyaâ (geheime Wissenschaft) des Raja Yoga zu nehmen, denn an diesen weltabgeschiedenen Stätten hatten die höchsten Schulen von jeher ihre Hauptsitze.

Der Glanz der Fürstenhöfe wurde gegen die Entsagungen der Jüngerschaft eingetauscht. Irdischer Tand galt gering, wo es sich darum handelte, der *Einswerdung* mit dem *ewigen göttlichen Licht* der *bewussten Unsterblichkeit* und dem direkten *Schauen* der *Wahrheit* teilhaftig zu werden. Alle anerzogenen Glaubensanschauungen mussten zurücktreten, denn … *Es gibt keine Religion, welche höher steht, als die Wahrheit.*

Der Gewinn in diesem Streben wird immer der Größe des Einsatzes entsprechen. Wer sich wenig müht, wird wenig erreichen; wer dagegen „mit voller Kraft arbeitet“, wie die Gita lehrt, vermag größere Resultate zu erreichen, als er anfangs erwartet hat.

Alles hängt vom Willen und Wollen ab. Es gibt keine Grenzen für den, der will. Dies gilt besonders für die Yoga-Schulung. Aber der Schüler muss auch lernen, dass im Menschen zwei verschiedene Willensströmungen vorhanden sind, wovon man die niedere den psychischen und die höhere den spirituellen Willen nennt.

Es ist ja genügend bekannt, dass der Yogi seine abnormen Phänomene mithilfe des Willens ausübt, aber nur wenige wissen, dass es sich dabei um den spirituellen und nicht um den psychischen Willen handelt. Der Wille, wie wir ihn aus dem alltäglichen Leben her kennen, ist eine Äußerung der Blutenergie (käme) und seiner Natur und Wirkungsweise nach vom spirituellen Willen diametral verschieden.

Alle Leidenschaften, Begierden, Wünsche, Geschlechtstrieb, Anziehung und Abstoßung sind Äußerungen dieses niederen, psychischen Willens, Manifestationen der Blutenergie. Diese niedere Form des Willens könnte man den unteren Willenspol bezeichnen.

Der spirituelle Wille ist der obere Pol. Er ist jene Kraft, die uns befähigt-, Leidenschaften, Begierden, Wünsche und selbst das Denken zu beherrschen. In den meisten Menschen ist der spirituelle Wille nur sehr schwach vorhanden, so schwach, in der Tat, dass sie seiner Gegenwart kaum gewahr werden. Aber, wie in früheren Kapiteln angedeutet, er kann entwickelt werden und wird dann zu einer überaus machtvollen Energieströmung, der die Blutenergie gehorcht.

Der spirituelle Wille ist eine schöpferisch-geistige Macht; er ist eine Manifestation jener hochgeistigen Grundkraft, die man technisch das höhere Manas nennt und aus der unser höheres Denken ausstrahlt.

Der Yogi arbeitet also mit einer höheren Form von Willenskraft, die von dem, was man gewöhnlich Wille nennt, in Bezug auf Ursprung und Wirkungsweise gänzlich verschieden ist.

Außer dem gewöhnlichen menschlichen und dem höheren, spirituellen Willen gibt es noch eine höchste, göttliche Willensenergie im Menschen.

Diese ist jedoch nur in Yogis der Hochgrade offenbar und äußert sich in diesen als Kundalini, die elektro-spirituelle Schöpferkraft, von den Alchemisten Elektro-Magikon und von den hermetischen Philosophen das „geheime Feuer der Weisen“ genannt.

Erleuchtung

Hand in Hand mit der Entfaltung des spirituellen Willens muss die Schärfung der Urteilskraft und Klärung des Bewusstseins gepflegt werden.

Geistige Klarheit tritt ein, wenn wir unser Gedankenleben läutern. Jeder Mensch, soweit er als normal gelten kann, besitzt den „Funken der Vernunft“ oder, wie die Arier sagen, das „Erkenntnislicht“ (technisch buddhi genannt).

Dieses „Erkenntnislicht“ befähigt ihn, zu erkennen, dass das Wahre wahr und das Falsche falsch ist. Der große, deutsche Mystiker Meister Eckhart nennt es das „Fünklein“ und „Haupt der Seele“. Mit Recht, denn diese Erkenntniskraft ist der wertvollste Bestandteil der menschlichen Seele.

Er ist noch wichtiger als das Denken an sich, denn ohne die Unterscheidungskraft bewegt sich alles Denken in falschen Bahnen, wie wir im Falle unerleuchteter Intellektualisten beobachten können.

Durch die Praxis des Raja Yoga wird dieses „Fünklein“ des Genius, das kleine „Erkenntnislicht“ zum hellen Lichtkegel, zum strahlenden, göttlichen Lichtpfeiler entfacht.

Dann erfüllt eine Lichtflut unser Bewusstsein und wir erkennen praktisch, dass selbst dieses Licht einer noch reineren, leuchtenderen Lichtquelle entströmt, der universalen, geistigen *Sonne* oder *Gottheit*. Mit dieser Lichtquelle eins zu werden, wird dann unser nächstes Strebensziel. Die Herzensreinen werden Gott schauen, lehrt das Evangelium.

Der Entwicklungsgang im Raja Yoga könnte mit einer langen Reihenfolge von *Erwachungen* zu immer klareren, geistigeren Zuständen des Bewusstseins verglichen werden. Die gnostische Mahnung „Mache dich auf, werde Licht!“ wird hier zum Erlebnis.

Selbsterkenntnis

„Mensch erkenne dich selbst!" Diese weise Ermahnung des Tempels zu Delphi hat sich bis auf unsere Tage erhalten, doch ist ihre ursprüngliche, tiefe Bedeutung für die Menge längst verlorengegangen.

Für den Gegenwartsmenschen ist Selbsterkenntnis gleichbedeutend mit Selbstkritik; daher das Sprichwort:

„Selbsterkenntnis ist der erste Schritt zur Besserung."

Die erleuchteten Weisheitsschulen des Altertums lehrten„ eine besondere *Selbsterkenntnis-Wissenschaft*, die im Sanskrit *Atma-Vidya* genannt wurde.

Atma-Vidya bedeutet Erkenntnis oder Wissenschaft des Selbst.

Aber mit dem Selbst, das hier erkannt werden sollte, war nicht das „Selbst" gemeint, wie es uns aus der alltäglichen Erfahrung bekannt ist, sondern die höchste „Schicht" oder „Lage" unseres über-intellektuellen Bewusstseins („Unterbewusstseins"), die bildlich das *„Höchste Selbst"* genannt wurde, in Wirklichkeit aber gleichbedeutend ist mit dem „Unendlichen Lichtmeer der Gottheit", der Quelle und Wurzel des menschlichen Geistesbewusstseins.

Einswerdung mit diesem höchsten, spirituellen Prinzip im Kosmos bedeutete *Unsterblichkeit* für die *Ewigkeit*. Es kam den arischen Weisen niemals in den Sinn, jedem vertierten Alltagsmenschen und verkommenen Materialisten „persönliche" Unsterblichkeit und ... ewiges Leben zuzusprechen. Unsterblichkeit ist bedingt. Alles Zusammengesetzte löst sich auf. Nur der Atma ist die ewige Lichtkraft.

Da aber der göttliche Genius (mana-buddhi) im Menschen eine Ausstrahlung des Atma ist, so muss das Streben der Sterblichen darauf gerichtet sein, diesen latenten Genius zu erwecken, um die Verbindung mit dem Atma herzustellen und der bewussten Unsterblichkeit teilhaftig zu werden.

Positive Beweise für die Richtigkeit der Lehrsätze des *Raja Yoga* kann sich jeder durch die eigene Praxis erbringen.

Vom ätherischen Gedankenelement und unterbewussten Gedächtnis

Nach arischer Lehre sind die Gedanken und Gedankenbilder aus einer äußerst subtilen, plastischen, geistig-ätherischen Substanz gebildet, die technisch das cittam (sprich tschittam) oder niedere Manas (Denkprinzip) genannt wird.

Diese *Äthersubstanz* pulsiert durch das menschliche Zentralnervensystem und wird vom Großgehirn in Gedanken, Gedankenformen und Gedankenbilder *transformiert.*

Diese plastischen Substanzen nennt man technisch psychische Elementale, Psychonenkomplexe oder Skandhas (sanskrit). Solange diese Gedankenformen im Gehirn gegenwärtig sind, sind sie uns bewusst. Sobalb sie letzteres verlassen haben, werden sie uns unbewusst. Dann ruhen sie in der Sphäre des Unterbewusstseins, wirken unterhalb der Bewusstseinsschwelle weiter.

Das Rückerinnerungsvermögen ist die Fähigkeit, psychische Elementale wieder ins Gehirn und Bewusstsein heraufzuholen.

Wie das Eigelb vom Eiweis und der Docht von der Flamme umgeben ist, so ist auch der menschliche Körper von einem ovalen Sphäroid ätherischer Substanz umflutet.

Diese Aura oder ätherische Schwingungssphäre wird im Sanskrit *Hiranyagarbha*, das „leuchtende Ei“ genannt. Die Funktionen dieses „Behälters von Gedankenformen“ waren den arischen Sehern schon vor Zeitaltern bekannt. Einem Projektionsapparat gleich projiziert das menschliche Gehirn die von ihm erzeugten Gedankenformen und Gedankenbilder in dieses Sphäroid, das wie Dr. Böhm richtig erkannte, Myriaden fertiger Bilder enthält, die in ihrer Gesamtheit das „unterbewusste Gedächtnis“ bilden. In Wirklichkeit geht kein Gedanke verloren; sie alle ruhen latent in dieser ätherischen Schwingungssphäre und können unter geeigneten Verhältnissen wieder im Bewusstsein auftauchen.

Stark dynamisierte d.h. mit Energie geladene Gedankenformen können über die Aura hinauswirken und andere Personen beeinflussen (Gedankenübertragung).

Dies kann jedoch nur geschehen, wenn das Gehirn der beeinflussten Person in dem betreffenden Augenblick passiv-rezeptiv (aufnahmefähig) ist und die Aura eine gleichschnelle oder ähnliche Schwingungsart aufweist.

Über die Entstehung, Natur und Wirkungsweise drückt sich ein Meister der höheren Yoga-Lehre wie folgt aus:

„Jeder Gedanke des Menschen geht, nach seiner Entstehung, in die innere Welt (d. h. in die Sphäre der Äthersubstanz, die uns innerlich (subjektiv) bewusst wird. Anm. d. Verf.) über und wird dort eine tätige Wesenheit, indem er sich mit einem Elementarwesen — d. h. mit einer der halb intelligenten Kräfte der Natur — verbindet oder zusammenfließt.

Er lebt als eine tätige Intelligenz — ein von der Seele erzeugtes Geschöpf — für eine längere oder kürzere Zeit, die im Verhältnis steht zur ursprünglichen Kraft der Gehirntätigkeit, die ihn ins Leben rief.

Dadurch wird ein guter Gedanke zu einer tätigen, wohltuenden Macht, ein böser zu einem schadenbringenden Dämon.

Und so bevölkert der Mensch fortwährend seine Umgebung im Raum, mit seiner eigenen Welt, die überfüllt ist mit den Kindern seiner Träume, Wünsche, Anregungen und Leidenschaften; und diese Strömung wirkt wieder, im Verhältnis zu ihrer dynamischen Stärke, auf jede empfindungsfähige und nervöse Organisation, die mit ihr in Berührung kommt.

Der Buddhist nennt dies sein ‚Skandha'; der Hindu gibt ihm den Namen Karma. Der Adept (im Raja Yoga) erzeugt diese Formen mit Bewusstsein; andere Menschen werfen sie unbewusst von sich."

Während des Wachbewusstseins empfinden wir diese Formen als Gedanken, im Traum schauen wir sie als Bilder. Schopenhauer hat recht: Träume sind objektivierte Gedanken.

Jeder Gedanke ist eine bewusste oder unbewusste Formenbildung.

Wiedereinkörperung

Mit Bezug auf diesen Gegenstand kursieren viele falsche Auffassungen. Winke, die zum richtigen Erfassen der Wiedereinkörperungslehre (Reinkarnation) führen können, sind deshalb durchaus am Platz.

Es gibt eine Wiederverkörperung der psychischen Elemente (Skandhas) und eine Wiedereinkörperung des göttlichen Genius (manas-buddhi), der sich als denkendes und geistig erkennendes Bewusstsein manifestiert.

Die psychischen Elemente sind einfach vom menschlichen Denken erzeugte, feinere Naturkräfte, die mehr mit dem Körper und seiner halbtierischen Psyche zu tun haben und von der Natur als Material zum Wiederaufbau der letzteren benützt werden. Es besteht jedoch eine „magnetische Verbindung zwischen dem „göttlichen *Genius*" eines Menschen und den von ihm erzeugten Gedankenformen (psychischen Elementen, Skandhas). Letztere bestimmen die *Qualität* des *Milieus*, in dem die Wiedereinkörperung des „göttlichen *Genius*" oder „spirituellen *Ego*" (manas-buddhi) stattfindet. Der Genius gleicht dem Sämann, die Gedankenformen dem Samen: er erntet genau, was er sät. Unsere *Aura* ist der Samenbehälter. Das Erntefeld die kommenden Wiedereinkörperungen des Ego.

Es ist eigentlich selbstverständlich und sollte klar verstanden werden, dass sich der „göttliche *Genius*", das denkende, geistig erkennende *Ich* eines Menschen nie und nimmermehr in Tierkörpern inkarnieren kann. Eine solche Möglichkeit ist völlig ausgeschlossen, denn das tierische Gehirn wäre ein ganz unzulängliches, viel zu unentwickeltes Organ für die Auswirkung jener hochgeistigen Kräfte, die im menschlichen Bewusstsein offenbar werden. *Einmal ein Mensch, immer ein Mensch* lautet der Lehrsatz der Yoga-Schulen. Nur das menschliche Gehirn besitzt das Brocasche Sprachzentrum, nur das menschliche Gehim bietet dem Genius ein geeignetes Werkzeug zur Betätigung.

Die Wiedereinkörperungslehre sollte immer im Zusammenhang mit der Evolutionslehre, der Lehre von der *Höherentwicklung* alles Seienden studiert werden. Wiedereinkörperung bedeutet nicht ein ödes Einerlei, eine ewige Tretmühle für den reinkarnierenden Genius. Durch die Evolutionsgesetze soll die menschliche Form mehr und mehr vervollkommnet werden. Diese zunehmende Vervollkommuung der körperlichen Form und der Organisation eines leistungsfähigeren Gehirns mit geistigeren Zentren wird es dem *Genius* ermöglichen, sich mehr und mehr auszuwirken und zu einer bewussten Macht im Leben der Menschheit zu werden.

Es handelt sich nicht um eine Wiederverkörperung der „Persönlichkeit" (kama-manas) mit ihren wechselnden Gefühlen, Impulsen und Gedanken, sondern um eine Wiedereinkörperung des diese „Persönlichkeit" überschattenden geistigen *Strahls*, der technisch manas-buddhi, latenter, göttlicher *Genius* genannt wird. Es wird also nicht gelehrt, dass der Herr Maier mit seinem roten Bart und seiner blauen Nase im nächsten Erdendasein wieder der gleiche Herr Maier wird, sondern nur, dass das transzendentale Bewusstseinszentrum, der ihn überschattende Lichtpfeiler der gleiche bleibt. Die nächste Persönlichkeit kann vom jetzigen Herrn Maier total verschieden sein und ist es wahrscheinlich auch. Aber die nächste Persönlichkeit wird ähnliche Gewohnheiten aufweisen, weil analoge psychische Elemente in ihrem Blut wirken (Skandhas!).

Lächerlich wirkt der Einwurf, dass die Wiedereinkörperungslehre falsch sei, weil man sich früherer Erdenleben nicht erinnern könne. Solche Einwände zeigen nur, dass der Disputant überhaupt nicht begriffen hat, um was es sich eigentlich handelt.

Da wir mit jeder Geburt einen neuen Körper und ein neues Gehirn bekommen, so ist es eigentlich selbstverständlich, dass wir uns der vorhergegangenen Leben nicht erinnern können. Es handelt sich ja auch gar nicht um die Wiederverkörperung der gleichen „Persönlichkeit". Was von einer Einkörperung zur anderen als dauernde *Individualität* übergeht, ist der *Lichtstrahl* des göttlichen Genius, der uns nur zum kleinsten Teil als höheres Denken, geistiger Wille, Licht der Vernunft und Gewissen zum Bewusstsein kommt, zum weitaus größten Teil aber latent im überphysischen Bewusstsein (*Unterbewusstsein*) ruht.

Dort und dort allein schlummern die Rückerinnerungen, die Gesamtsummen aller gemachten Erfahrungen, welche die göttliche *Monade* im Laufe ganzer Zeitalter der *Evolution* sammelte, und wenn wir Praktiker im Raja Yoga werden, werden wir mit dieser geheimnisvollen *Höhenschicht* des transzendentalen Bewusstseins in lebendige Berührung treten können.

Dann benötigen wir keine verstandesmäßigen „Beweise" mehr, sondern das spirituelle *Empfinden* führt uns zum praktischen *Erleben* und *Erkennen* der *göttlichen Gesetze des Seins*. Dieses spirituelle Empfinden hat aber durchaus nichts mit schwärmerischer Mystik, Phantasterei und Gefühlsduselei zu tun, sondern ist ein nüchternes, reales *Schauen* der transzendentalen *Wahrheit* und *Wirklichkeit*.

Das Überintellektuelle kann nicht in intellektueller Form geschildert werden; das wäre eine Vermaterialisierung, Profanierung und Herabwürdigung. Wir müssen uns selbst zur Ebene des Überintellektuellen und Transzendentalen erheben und dorthin führt einzig der Arya-Marga, der arische Pfad des *Raja Yoga*.

„Eine Erkenntnis der in früheren Inkarnationen erlebten Erfahrungen erhebt sich in dem Asketen, wenn er sich die Reihen selbstwiedererzeugender Gedanken vor sein Gemüt hält und sich auf dieselben konzentriert." Patanjali, Buch III 5 18.

Vom Akasha

Der Akasha, manchmal Astrallicht, siderisches Licht genannt, ist der geistige Aspekt des der modernen Physik in seiner Natur und Wirkungsweise mehr und mehr bekannt werdenden Weltäthers. Er wird deshalb auch die „Muttersubstanz“ oder „Seele“ des Äthers genannt.

„Feiner als die Luft“, wie die Upanishaden lehren, durchdringt und erfüllt er den ganzen Weltraum. Er ist die *Grundkraft*, die Wurzel und Quelle aller anderen Naturkräfte. Alle von hohen Yogis erzeugten psychischen und physikalischen Phänomene werden mithilfe des Akasha hervorgebracht.

Gedächtnis, Gedankenübertragung, Hellsehen, Fernsehen, Telekinese etc. etc. wären ohne die Kräfte des Akasha unmöglich. Im Vorwort zu den Yoga-Aphorismen des Patanjali äußert sich W. Q. Judge wie folgt:

„Um die Möglichkeit von all dem zuzugeben, ist zuvor erforderlich, dass die Existenz, der Gebrauch und die Funktionen eines ätherischen, alles durchdringenden Vermittlers, Astrallicht, oder Akasha von den Hindus genannt, zugestanden werden.

In diesem Akasha, mit seiner Hilfe und durch seine Benutzung sind die Eigenschaften und Bewegungen aller Dinge universell erkennbar.

Er ist sozusagen die Oberfläche, auf der alle menschlichen Handlungen und alle Dinge, Gedanken und Umstände festgehalten werden. (Die Akasha-Substanz gleicht einer fotografischen Platte, die alle irdischen Ereignisse in Spiegelungen und Bildern festhält, und zwar Zeitalter lang. Anm. d. Verf.) …

Jeder Gedanke von Herbert Spencer, Mill, Bain oder Huxley ist zusammen mit den betreffenden, von diesen Männern aufgestellten Systemen der Philosophie im Akasha festgelegt; alles was der Asket zu tun hat, ist, einen einzigen Ausgangspunkt zu gewinnen, der mit einem dieser Denker verknüpft ist, und alsdann alles abzulesen, was sie ausgedacht haben.“

„Nach Patanjali und seiner Schule beziehen sich solche Kunststücke noch auf den *Stoff* (Prakriti, potenzielle Materie) und nicht auf den *Geist*, (Purusha, Atman), obgleich sie westlichen Ohren entweder unsinnig dünken oder, wenn daran geglaubt wird, als auf den Geist bezüglich aufgefasst werden. “

Daraus möge aber nicht geschlossen werden, dass das Ablesen der Aufzeichnungen im Akasha eine einfache Sache sei und, dass jeder Wanderredner, den sich dieser Fähigkeit vor der breiten Masse rühmt, diese auch wirklich besitzt.

Im Akasha sind auch die *Ursachen* kommender Ereignisse aufgezeichnet.

Einem geschulten Yoga-Seher ist es recht wohl möglich, aufgrund seiner Kenntnis solcher Ursachen Aufschlüsse über die *Zukunft* zu erteilen, doch bietet sich die echte Prophetie nicht auf dem Markt feil.

Upanishaden und Christentum

Oberflächliche Kenner der altorientalischen Geisteskultur, die von den großartigen Geistesschätzen der umfangreichen Sankritliteratur verkehrte Begriffe hegen, betrachten die Upanishad-Lehre als gottloses Heidentum und jede Beschäftigung damit als Verrat an Christo und Ausdruck ketzerischer Gesinnung.

Dieser bornierte Standpunkt wird besonders von mediokren Köpfen eingenommen, die sich Gott nur als … tüchtigen Mann vorstellen können. Für solche Intelligenzen bleibt freilich jeder höhere geistige Gottesbegriff eine unfassbare Größe.

Und doch sind gerade die hochgeistige Psychologie und großzügige Metaphysik der Upanishadlehre so recht geeignet, das wahre, reine Christentum vom atemraubenden Schlingwerk mittelalterlicher Vorstellungen und Beschränkungen zu befreien und einer erhabeneren, lichtvollen, arisch-christlichen Religionsauffassung die Bahn zu ebnen.

Wie materialistisch und armselig sind doch die landläufigen Begriffe vom Geistigen! Für viele ist der „Heilige Geist“ ein Greis mit weißem Bart. Für andere ist „Geist“ gleichbedeutend mit Verstand und Witz, und wenn der Spiritist von Geist spricht, versteht er darunter ein … Gespenst. Wahrlich, der Hindu hat recht: die Europäer haben für den Heiligen Geist und Alkohol nur ein Wort: Spiritus. Dagegen besitzt die Sanskritsprache genaue Bezeichnungen für die subtilsten, seelischen und geistigen Begriffe, Bezeichnungen, für die wir in den vermaterialisierten, europäischen Sprachen überhaupt keine Äquivalente finden.

Paul Deussen, der unermüdliche Übersetzer der Sanskrittexte, drückt sich über das Verhältnis der Evangelien zu den Upanishaden sehr treffend aus. Er sagt in seiner Vorrede zu den „Sechzig Upanishads des Veda“:

„Das Neue Testament und die Upanishads, diese beiden höchsten Erzeugnisse des religiösen Bewusstseins der Menschheit, stehen nirgendwo (wenn man nicht an der Außenseite klebt) in einem unvereinbaren Widersprüche, sondern dienen in schönster Weise einander zur Erläuterung und Ergänzung."

„Ein Beispiel mag zeigen, welchen Wert die Upanishadlehre für die Ausgestaltung unseres christlichen Bewusstseins gewinnen kann."

„Das Christentum lehrt seinem Geiste, wenn auch nicht überall seinem Buchstaben nach, dass der Mensch, als solcher, nur zu sündlichen, d. h. egoistischen Handlungen fähig ist (Römer 7, 18), und dass alles Gute, seinem Wollen wie Vollbringen nach, nur von Gott in uns gewirkt werden kann (Phil. 2, 13).

So klar diese Lehre, für jeden, der Augen hat zu sehen, nicht sowohl in vereinzelten Aussprüchen, als vielmehr schon in dem ganzen Systeme als solchem präformiert liegt, so schwer ist es doch zu allen Zeiten der Kirche geworden, sich mit ihr zu befreunden; stets wusste sie einen Ausweg zum Synergismus mit seinen Halbheiten zu gewinnen und der Mitwirkung des Menschen irgendeine Hintertüre offenzulassen, — offenbar, weil sie hinter dem Monergismus, der alles Gute auf Gott zurückführt, als Schreckgespenst die grauenhafte Absurdität der Prädestination stehen sah.

Und freilich stellt sich diese als unvermeidliche Konsequenz ein, sobald man jene, so tiefe wie wahre christliche Erkenntnis des Monergismus verknüpft mit dem aus dem alten Testamente überkommenen jüdischen Realismus, welcher Gott und Mensch als zwei sich ausschließende Wesenheiten einander gegenüberstellt. —

In diesen Dunkelheiten kommt uns aus dem Osten, aus Indien, das Licht.

Zwar nimmt auch Paulus einen Anlauf, Gott mit dem anthropos pneumatikos zu identifizieren (1 Kor. 15, 47), zwar sucht auch Kant das wundersame Phänomen des kategorischen

Imperativs in uns daraus zu erklären, dass in ihm der Mensch als Ding an sich dem Menschen als Erscheinung das Gesetz gibt, — aber was bedeuten diese schüchternen und tastenden Versuche gegenüber der großen, auf jeder Seite der Upanishads durchblickenden Grundanschauung des Vedanta, dass der Gott, welcher allein alles Gute in uns wirkt, nicht, wie im alten Testamente, ein uns als ein anderer gegenüberstehendes Wesen, sondern vielmehr — unbeschadet seiner vollen Gegensätzlichkeit zu unserm verderbten empirischen Ich (jiva) — unser eigenstes, metaphysisches Ich, unser, bei allen Abirrungen der menschlichen Natur, in ungetrübter Heiligkeit verharrendes, ewiges, seliges, göttliches *Selbst*, — unser Atman ist!"

„Dieses und vieles andere können wir aus den Upanishads lernen — werden wir aus den Upanishads lernen, wenn wir anders unser christliches Bewusstsein zum konsequenten, nach allen Seiten vollgenügenden Ausbau bringen wollen."

Obige Hinweise sollte sich die christliche Theologie dienen lassen. Es ist der Zweck dieser Abhandlung, zum richtigen und praktischen Verständnis der arischen Psychologie zu verhelfen, denn ohne letzteres bleibt alle Beschäftigung mit Sanskritschrifttum fruchtlose Theorie.

Es muss ein Kern von wirklichen Praktikern gebildet werden, bevor die Upanishadlehre, in volkstümlicher Form, in weitere Kreise dringen kann. Diesen Zweck verfolgt die in Vorbereitung befindliche *Arisch-humanistische Gesellschaft, Nürnberg.*

Das Volk ruft nach Leuten mit praktischen Erfahrungen, nicht nach Wahrheitssuchern, sondern nach *Wahrheitskennern*, die ihm den Erkenntnispfad (Arya-Marga) zeigen können.

Die okkulten Grundkräfte im arischen System der Psychologie

Die Yoga-Psychologie erklärt, dass sich die menschliche, okkulte Konstitution aus sieben Grundkräften zusammensetzt. Über diese Lehre ist schon mancherlei geschrieben worden; leider meist von Theoretikern, die von der praktischen Anwendung häufig nur ganz unklare, ja, oft total verkehrte Anschauungen hatten, sodass ihre Darlegungen für die Schulung im Yoga und das richtige Verständnis der Sanskrittexte keinerlei Wert besaßen.

Die sieben Grundkräfte, die übrigens auch im Makrokosmos gegenwärtig und wirksam sind, werden eingeteilt in zwei Hauptgruppen, wovon die eine die höheren drei spirituellen (überintellektuell-transzendentalen oder spirituellen Kräfte: manas-buddhi-atma), die andere die niederen vier psychischen Elemente (linga sharira, prana, kama, kama-manas) einschließt.

Diese Fachausdrücke, dem Sanskrit entnommen, sollen weiter unten eingehend verdeutscht werden.

Die höhere Gruppe bestehend aus

Atma: reingeistiges Licht
Buddhi: latende Ideenbildung
Manas: manifeste Ideenbildung

wird die höhere, göttliche *Dreiheit* genannt und durch ein *Dreieck* symbolisiert. Diese Dreiheit gilt als *Ausstrahlung* (Emanation) der drei Aspekte der *Gottheit*, deshalb als unsterblich. Sie existiert *vor* und *nach* dem jeweiligen menschlichen Körper, den sie gleich einem Lichtsphäroid umgibt und durchdringt.

Je nach den verschiedenen Systemen wird die *Dreiheit* bezeichnet als *Individualität* (im Gegensatz zur vergänglichen

„Persönlichkeit"), transzendentales *Ich*, spirituelles *Ego*, latenter *Genius*, schöpferisches *Unterbewusstsein* etc.

Es handelt sich durchwegs um hochgeistige, überintellektuelle Kräfte, die erst in kommenden Entwicklungsperioden der menschlichen Rasse voll zur Entfaltung kommen, im Gegenwartsmenschen jedoch nur als passiv-negative Strömungen oder schwache „Keime" wirksam sind. Natürlich gibt es hier auch zahlreiche Ausnahmen.

Strebensziel des *Raja Yogi* ist, diese Kräfte schon jetzt in sich zur Entfaltung zu bringen. Zuvor manas, dann„ buddhi, dann atma. Die Substanz dieser spirituellen Kräfte ist der Akasha in seiner dreifachen Differenzierung.

Die niedere Gruppe bestehend aus:

Linga Sharira: elektromagnetisches Substrat; im Unterbewusstsein wirksame, formgestaltende Energie, Körper und Organe bildend.

Prana: Elektronen und Nervenfluide, deren Tätigkeit durch die Atmung geregelt wird und von letzterer abhängig ist (Lebensenergie).

Kama: molekulare Blutenergie, als Körperenergie, Anziehung und Abstoßung wirksam, das „Ding an sich" der Leidenschaften, Begierden, Triebe usw.

Kama-manas (cittam): geistig-ätherisches Gedankenelement, offenbar als Intellekt oder Verstandesdenken, physiologisch gebunden an Nerven- und Zelltätigkeit. Bildet die „Brücke" zur höheren Dreiheit und damit zu den höchsten kosmischen Bewusstseinsebenen und zur bewussten Unsterblichkeit; es wird, zusammen mit dem Körper, der keiner besonderen Erwähnung bedarf, die niedere *Vierheit* genannt und durch ein *Viereck* symbolisch dargestellt.

Kama-manas (cittam) wird angedeutet durch die Verbindungslinie zwischen Dreieck und Viereck.

Das Denken bildet somit den Drehpunkt zwischen der materiellen, irdischen und der geistig-göttlichen Natur des Menschen.

Das gewöhnliche, sinnliche von Leidenschaften gefärbte und mehr konkrete Denken ist eine Äußerung des unreinen Kama-Manas, während das abstrakte, auf geistige Dinge gerichtete Denken bereits eine Offenbarung des reinen, transzendentalen Manas ist, das auch buddhi-manas genannt wird und einen Teil der höheren Dreiheit bildet.

Aufgabe des Strebenden ist, das höhere Manas zu erwecken und das niedere Manas (cittam) zu unterjochen. Dies geschieht:

a) durch die Entwicklung des abstrakten Denkens, die intensive Beschäftigung mit geistigen Dingen, selbstständiges Durchdenken letzterer usw.

b) Übung in Gedankenkonzentration, Gedankenverdrängung und Gedankenbeherrschung wie in früheren Kapiteln beschrieben.

c) Bemeisterung der Sinne, Leidenschaften, Begierden usw. Dies geschieht am erfolgreichsten ebenfalls durch Unterdrückung der im Bewusstsein aufsteigenden unreinen Gedanken und Gedankenbilder (Äußerungen des cittam).

Das höhere Manas äußert sich nicht nur als abstraktes und schöpferisches Denken sondern auch als geistig-schöpferischer Wille, der umgestaltend auf die niederen psychischen Elemente wirkt. Deshalb spielt das höhere *Manas* eine mächtige Rolle in der Yoga-Praxis, ja die wichtigste überhaupt.

Während der Alltagsmensch in Sensationen (Sinneswirkungen) und Gedankenassoziationen lebt, denkt der Yogi in Bildern, weil das höhere Manas als manifeste Ideenbildung in ihm offenbar geworden ist.

Durch das niedere Manas wird das höhere Manas erreicht und durch letzteres die *Buddhi.* Wie früher erklärt, äußert sie sich als Vernunftfunken, Funken des Genius, Erkenntnislicht, spirituelle Unterscheidungskraft. Wie alle spirituellen Kräfte, so wächst auch diese durch Betätigung. Deshalb muss die Unterscheidungskraft bei allen philosophischen Betrachtungen geübt und entwickelt werden. Durch Läuterung des

Gedankenlebens erfährt diese Lichtkraft eine besondere Klärung; es tritt dann allmählich Erleuchtung ein.

Wenn das höhere Mamas seine volle Stärke erlangt hat, dann geht eine Polaritätveränderung in Buddhi vor. Beide vereinen sich zu Kundalini, der elektrospirituellen, okkulten „Schlangenkraft." Gleich der Doppelschlange um den Äskulap- oder Hermesstab, so windet sich auch das Kundalini-Feuer an der Rückenmarkssäule empor. Der Hermesstab, ein Erbstück aus den griechisch-ägyptischen Mysterien, symbolisiert die Erweckung dieser okkulten, magischen Kraft.

In Verbindung mit *Atma*, der höchsten, spirituellen Lichtkraft im Kosmos wirkt Buddhi als göttliche *Monade*, die große, okkulte Natur-Kraft, die der *Evolution* aller Wesen zugrundeliegt.

Sie ist die spirituelle (nicht intellektuelle) Energie, welche die Körper von Kristall, Pflanze, Tier und Mensch aufbaut und immer kompliziertere Formen gestaltet, kurz, die ganzen Entwicklungsprozesse in der Natur lenkt und leitet. Menschlicher Intellekt ist nur ein schwacher Abglanz dieser wahrhaft überintellektuellen Lichtkraft.

Die Monade wirkt nicht direkt auf die physischen Moleküle der Materie, sondern bedient sich hierzu der elektromagnetischen Kräfte. Im Menschen wirkt sie auf das Prana und Linga Sharira und diese bewirken den Aufbau der Physis.

Pflanzen und Tiere sind sich der Gegenwart dieser Monade nicht bewusst; allein der Mensch hat die Möglichkeit, durch Entfaltung von manas und buddhi mit dieser göttlichen Lichtquelle in bewusste Berührung zu treten. *Erleuchtung* ist die Folge dieses Kontakts.

Das beigeheftete Diagramm zeigt die beiden Gruppen der okkulten Grundkräfte. Die göttliche Dreiheit reflektiert sich innerhalb der niederen Vierheit. Die Verbindungslinie zwischen Dreiheit und Vierheit deutet das *Denkprinzip* an.

Das auf der Linie liegende *Gehirn* soll zum Ausdruck bringen, dass bewusstes Erkennen des Höheren nur auf dem

Wege der Erleuchtung möglich ist, nicht auf dem sentimentaler Gefühlsschwelgerei. Das Gehirn ist die Empfangsstation für die Eingebungen unseres göttlichen *Genius* und soll durch entsprechend reine *Lebensführung* zu einem immer geeigneteren Resonanzboden für die Schwingungen aus höherer Lichtquelle gemacht werden.

Wer die Sphäre des *Übersinnlichen* ohne Gefahr betreten will, der muss das *Sinnliche* aufgeben. Niemand kann zweien Herren dienen und sie beide zufriedenstellen. Die Zentren für das Übersinnliche können nur durch spirituelle Lebensführung erweckt und entwickelt werden; ausleben der Leidenschaften führt zur Ertötung der Intuition.

Damit ist aber nicht gesagt, dass man sich in Wälder und Einöden zurückziehen müsse und die Lebensführung eines welt- und menschenscheuen Einsiedlers nötig sei. Mitten im praktischen Leben muss der geistige Wille geschult, den Versuchungen getrotzt werden. Die Kräfte wachsen mit dem Widerstand. Was einer vollbringt, können viele vollbringen.

„Die Feinde, welche sich im Körper erheben, die schwer zu überwindenden üblen Leidenschaften, sollten mannhaft bekämpft werden, wer sie besiegt, ist gleich einem Eroberer von Welten."

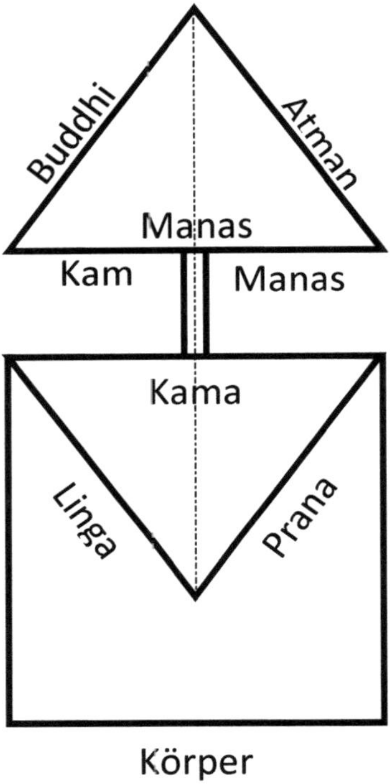
Buddhi
Atman
Manas
Kam
Manas
Kama
Linga
Prana
Körper

Die vier Stufen des Raja Yoga

Diese werden mit Pratyahara, Dharana, Dhyana und Samadhi bezeichnet.

Pratyahara, als erste Stufe, besteht in einer vorbereitenden Schulung zwecks Läuterung des Gemüts- und Gedankenlebens und Beherrschung des Denkprinzips.

Die Technik dieser Stufe ist in den früheren Kapiteln bereits zur Genüge erläutert worden, sodass sich weitere Erklärungen erübrigen. Immerhin möge darauf hingewiesen werden, dass diese Technik vollauf beherrscht werden muss, bevor der Strebende hoffen kann, die nächst höhere Stufe praktisch zu erreichen. Diese ist

Dharana: sie besteht in der restlosen Beherrschung des Denkprinzips (cittam) und der intensiven, vollkommenen Konzentration des Gemüts auf das „höhere *Selbst*" (das auf dieser Stufe als Lichtkegel empfunden wird). Während dieses Konzentrationsaktes ist das Bewusstsein von allen äußeren Dingen völlig abgezogen. Meisterschaft auf dieser Stufe führt zur nächsten, genannt

Dhyana: (tibetanisch Dzyan, chinesisch Dan). Auf dieser Stufe wird die Intuition (Erleuchtung) zum übersinnlichen, außerweltlichen Schauen, zum Erkennen des „Dings an sich" in Natur und Weltall. Spirituelle, göttliche Seherschaft; nicht zu verwechseln mit mediumistischen Zuständen. Praktische Erkenntnis der Entsprechungen zwischen Mikrokosmos und Makrokosmos. Echte Prophetie.

Samadhi: auf dieser Stufe verliert der Raja Yogi das Bewusstsein jeder Individualität, einschließlich seiner eigenen. Es wird das *All*, Allselbstbewusstsein, auch Absolutheit, Moksha und Nirvana genannt. Mehr göttlicher, als menschlicher Bewusstseinszustand. Buddha- und Christuszustand. Endziel menschlicher Entwicklung. Höhenstufe der Erleuchtung: bewusste Einswerdung mit dem „unendlichen Lichtmeer der Gottheit."

„So raste nun am Bodhi-Baum, der die Vollkommenheit von allem Wissen ist, denn wisse, nun bist du der Meister von Samadhi, dem Zustand fehlerlosen Schau'ns."

„Sieh'! Du bist jetzt das Licht geworden, geworden bist du nun der Ton, dein Meister bist du und dein Gott. Du *Selbst* bist du und deines Suchens Ziel, die niemals unterbrochene Stimme, welche widerhallt in alle Ewigkeit, die frei von Wechsel und von Sünde frei, die sieben Töne in dem einen, ist

die Stimme aus der Stille."

Om Tat Sat

Entwicklungslehre der Yoga-Schulen

Die arischen Weisheitsschulen besitzen eine eigene Entwicklungslehre über die Entstehung von Weltall und Menschheit, die in ihrer majestätischen Großzügigkeit kaum von einer der im Westen landläufigen Evolutionstheorien übertroffen werden dürfte. Nach Anschauung der östlichen Seher vollzieht sich die Entwicklung unseres Planeten in Kreisläufen von ungeheurer Dauer, die „planetare" Runden genannt werden, während deren die verschiedenen menschlichen Rassen zur Entwicklung gelangen. Einer Spezialabhandlung sind folgende interessante und für den Yogapraktiker wertvolle Einzelheiten zu entnehmen:

1. Der große Entwicklungsvorgang des Weltalls besteht im gradweisen Herabsteigen spiritueller (hochgeistiger) Zustände in materielle und sodann in der Rückkehr zum ersten Zustand zuzüglich der erworbenen Erfahrung. Diese Entwicklung bezieht sich nicht nur auf den Menschen, sondern auch auf die Natur im Allgemeinen, denn das Gesetz des zyklischen Fortschrittes ist endlos.

2. Der Prozess der besonderen Evolution, in den wir gegenwärtig eingegangen sind, trägt uns durch sieben große Reisen oder „Runden", während deren die Monade oder der Strahl des Göttlichen, der unser höheres Selbst ist, in sieben Zuständen substanzieller Existenz, „Globen" genannt, Erfahrungen sammelt. Diese sieben „Globen-Zustände" werden während der irdischen Evolution siebenmal durchlaufen, wobei jede Reise eine Runde, einen Zeitabschnitt von ungeheurer Dauer, bildet. Auf jeder der Runden findet die Monade den jeweiligen Zustand dichter als im vorhergehenden, bis sie die vierte erreicht. Alsdann beginnen wiederum ätherische Zustände zu erscheinen, und die fünften und sechsten Runden werden in wachsendem Maße unmateriell, bis die letzte Runde den Menschen als gottähnliche Wesenheit antrifft, die in Harmonie mit den spirituellsten Zuständen in der Natur lebt.

3. Wir stehen jetzt gerade über der Mitte der *Spirale* der Spiralen, dem Gleichgewichtspunkt von Geist und Stoff, und der große Kampf für jedes Wesen besteht nun darin, sich bewusst in Harmonie mit der fortschreitenden, spirituellen Welle zu setzen. Jene, welche verfehlen, in Einklang mit dem göttlichen Plan zu wirken, werden von des „Meisters" Haus zurückgewiesen werden, jedoch erst, nachdem ihnen jede mögliche Gelegenheit zur Umgestaltung geboten war; sie werden dann die lange Reise zu irgendeinem zukünftigen Zeitpunkt wieder zu beginnen haben. Es ist möglich, dem Verlauf des Fortschritts zeitweise Widerstand zu leisten und als ein Hemmschuh am Rad zu wirken, aber das geht nicht für immer.

4. Auf jedem „Globus" gibt es viele Rassen oder Typen, durch welche die Monade (Atma-Buddhi) nahezu unendliche Erfahrungen erwirbt. Auf der Erde, dem dichtesten aller „Globen", gibt es sieben große, menschliche Wurzelrassen, die einander folgen (unsere schwarzen, gelben, roten und weißen Rassen sind kleinere Unterabteilungen, nicht die Wurzelrassen, von denen wir sprechen). Wir sind in der fünften Wurzelrasse, deshalb über dem dichtesten Punkt der Steiflichkeit und im langsamen Aufstieg begriffen. Es gibt sieben Unterrassen in jeder Wurzelrasse und zahllose Familienrassen und Zwischenglieder. Wir sind in der fünften Unterrasse der fünften Wurzelrasse.

5. Der Prozess der menschlichen Evolution während der ersten Runden und ein gutes Stück bis in die vierte hinein, besteht in der Bildung eines bewussten Trägers, des niederen Tiermenschen (nicht das Darwinsche „fehlende Glied"), welcher von der Intelligenz, dem Manas oder Gemütsprinzip überschattet wird, das seinen eigenen Entwicklungsgang durchlaufen hat. Diese Verknüpfung des Gemüts oder Mamas mit der — von unserem armseligen, menschlich-intellektuellen Standpunkt aus — nicht intellektuellen, aber äußerst spirituellen

Monade, welche die energie-verleihende Kraft hinter dem gemütslosen, embryonalen Tier-Menschen ist, führt zur Hervorbringung des Menschen als einer bewusst verantwortlichen Wesenheit. Dies fand während der dritten Wurzelrasse auf diesem irdischen Globus statt, zu einer ungefähr achtzehn Millionen Jahre zurückliegenden Periode. Seit jener Zeit hat es viele Aufstiege und Rückfälle gegeben, viele Wechselfälle von Barbarei und Zivilisation; Kontinente haben sich aus den Wassern erhoben und andere sind durch Flut und Feuer zerstört worden, und der Mensch hat seine teuererkaufte Erfahrung erworben, aber das höhere Ego hat noch nicht Zeit gefunden, die Oberhand zu gewinnen, außer in den seltensten Fällen.

6. In jeder Runde werden gewisse verschiedene Prinzipien unserer zusammengesetzten Natur aus der Potenzialität in die Tätigkeit entwickelt, und gewisse Elemente in der äußeren Natur werden in Harmonie mit denselben entfaltet, der nächste Schritt wird die Offenbarung von Materie in verfeinerten oder ätherischen Formen und von mächtigeren Kräften sein, als die, welche wir heute kennen, aber diese Periode liegt noch in weiter Ferne.

7. Die Rückerinnerung an unsere wunderbare Vergangenheit ist in die geheimnisvollen Gemächer des höheren Ego eingeschlossen; der Gehirnverstand, der erst „gestern" entwickelt wurde, kann solange nicht in diese heiligen Arkana eindringen, bis er an dem reinen Zustand der Unpersönlichkeit angelangt ist, der es dem Höheren gestatten wird, sich völlig mit ihm zu vereinigen. Sogar in gewissen abnormen Zuständen, Katalepsie usw., können außergewöhnliche Kräfte des Erinnerungsvermögens ausgelöst werden. Es sind dies die Funktionen des astralen Menschen (gemeint ist das cittam), und so überraschend sie auch scheinen, sind sie doch nichts im Vergleich mit der Halb-Allwissenheit der höheren Natur[1)].

---

1) Weitere Einzelheiten im Handbuch XVII: Die Erde, ihr Ursprung, ihre Runden und ihre Rassen.

Schauungen

Die Fähigkeit transzendentaler Wahrnehmung liegt in jedem Menschen latent; sie wird durch Yoga-Praxis erweckt und auf ganz natürliche Weise entfaltet.

Übersinnliche Erfahrungen stellen sich dann ganz von selbst ein; alle Gewaltanstrengungen in dieser Richtung sind nachteilig.

1. Einblicke in die Schwingungssphäre (Aura) der Gedankenformen. Oft schon in den ersten Jahren der Praxis stellt sich dieses Schauen ein, besonders während der Nacht, dauert aber in der Regel nur mehrere Sekunden. Es handelt sich um eine Erfahrung, die vielen Praktikern bekannt ist; selbst Laien wissen darüber zu berichten, wenn ihnen auch die Erklärung für das Geschaute fehlt.

Die Gedankenformen (Elementale, Psychonenkomplexe) werden geschaut als kleine, plastische Gebilde, meistens in der Form von Kugeln, Flämmchen, Radiolarien, Seepferdchen, Sternen, Streifen usw., die in verschiedenen Farben leuchten und eine intensiv schwingende Bewegung aufweisen.

Den Stoff, aus dem sie gebildet sind, könnte man mit der leuchtenden, farbigen Substanz einer Spiritusflamme vergleichen. Sie werden mit dem Auge geschaut; natürlich nur bei besonderer Sensitivität des Sehnervs, die nachts spontan auftritt.

Beim Betrachten hat man den Eindruck, als ob sich die ganze Schar der Gedankenformen auf den Schauenden stürzen wollte, doch weichen sie sofort auf Armslänge zurück, sobald man den Blick fest auf sie heftet. Wird der Blick passiv, so beginnt das Heranvibrieren des Schwarms aufs neue.

Anfänger sollten sich hüten, dieses Schauen besonders zu pflegen. Es ist rein psychisch, hat nichts mit Erleuchtung zu tun und lenkt von der spirituellen Entwicklung ab.

2. Vision symbolischen Charakters. Die echten Visionen entstammen der Sphäre des „göttlichen *Genius*“ (manas-buddhi) und sind von gewöhnlichen Träumen grundverschieden. Sie äußern sich im Augenblicke des Erwachens, im Moment der „Wiedereinkörperung“ des Bewusstseins und erscheinen in weißem, klarem Licht, scharf ausgeprägt und der Eindruck, den sie hinterlassen, ist ein sehr nachhaltiger. Der Schauende empfindet im Innersten, dass er es mit einer Einwirkung aus höherer Wahrnehmungsebene zu tun hat.

Schauung: Ich kämpfe mit einer mächtigen Schlange, fasse sie beim Hals und drücke sie auf einen Tisch. Sie ringelt sich und kämpft um zu entkommen.

Einen Nagel treibe ich ihr durch den Kopf, aber sie will sich losringen. Da ergreife ich schnell ein Schwert und schlage ihr mit wuchtigem Hieb den Kopf ab.

Die ganze Vision spielte sich im Verlaufe einer Sekunde ab. Die Schauung hatte Bezug auf meine eigene Yoga-Entwicklung. Damals — es war in den ersten Jahren meiner Praxis — stand ich vor gewaltigen Innenkämpfen, die keinem Strebenden erspart bleiben.

Die Schlange versinnbildlichte die „niedere Natur“ und der Kampf gegen diese Macht hatte eine kritische Phase erreicht. Wenige Tage später setzte der in der Vision vorausgeschaute Hauptkampf ein.

Durch äußerste Anspannung der spirituellen Willensenergie gelang es mir jedoch, der Situation Herr zu werden und der Drachenschlange den Kopf zu spalten.

3. Warnungs-Vision. Der Moment des Erwachens zeigt mir die Vision eines Sarges. Kein gutes Omen! Aber was könnte es bedeuten? Alle Freunde und Verwandte sind bei guter Gesundheit. Wer könnte abberufen werden?

Mittags gehe ich ahnungslos über den Bahnhofplatz. Mein Blick fällt zufällig auf die Seite. Da saust mit wahnsinniger Schnelligkeit ein Auto um die Ecke … nur noch wenige Meter von mir entfernt.

Instinktiv mache ich einen Sprung nach dem Bürgersteig … im gleichen Augenblick rast es vorbei. Wie durch ein Wunder gerettet! Da blitzte mir die Bedeutung meiner Vision auf.

4. Räumliches Fernsehen (Telepatie): Von einem Frankfurter Freund erwarte ich ungeduldig die Antwort auf einen wichtigen Brief. Beim Einschlafen denke ich an ihn. Morgens zeigt mir eine Vision zwei Schriftseiten; rechts die Worte: „Die Sache interessiert mich". Sofort teile ich dies meinen Angehörigen mit. Kurze Zeit später kommt die Post. Ein Frankfurter Brief zeigt auf der rechten Seite genau die gleichen Worte: „Die Sache interessiert mich".

5. Räumliches Fernsehen: Abends wird mir im Ansbacher Lazarett die Mitteilung, dass ich nach Schwabach versetzt werde; mit diesem Gedanken schlafe ich ein. Beim Erwachen folgendes Bild: Ein Mann mit dunklem Bart und heller Militärlitewka steht vor einem Tisch, auf dem Papiere liegen. Hinter ihm, im Halbkreise, stehen Militärpersonen, mit Goldtressen am Kragen (Chargen). Der Vorgang spielt sich in einem Garten ab.

Wenige Wochen später werde ich einer Kompagnie in Schwabach zugeteilt. Wie überrascht war ich, als sich mir beim Appell genau das gleiche Bild darbot, das ich einige Zeit zuvor schon in einer Vision wahrnahm!

Erklärung: Der Appell wurde monatelang zur gleichen Stunde und am selben Ort abgehalten, somit war es für mein transzendentales Ich nicht schwer, den Vorgang im Akasha wahrzunehmen, wo selbst alle Ereignisse genau fixiert sind und der von den Alten, mit Recht, das „Buch des aufzeichnenden Engels" genannt wurde.

6. Dynamische Wirkung des Unterbewusstseins. Ein furchtbarer Sturm zieht am Himmel herauf und eilends will ich mich nach Hause begeben. Plötzlich werde ich wie von einer unbekannten Macht heftig und der ganzen Länge nach zu Boden geschleudert. Halb betäubt hebe ich den Kopf. Da — ein furchbarer Schlag vor mir. Mengen Erdreich fliegen mir ins

Gesicht. Dazu Scherben. Ich erhebe mich und staune. Vor mir liegt eine mächtige Blattpflanze, die der Wind vom Fenster des dritten Stockwerkes herunterholte. Einen Meter vor mir.

Der schwere Blumentopf hätte mir rettungslos den Schädel zertrümmert, wäre ich nicht im entscheidenden Augenblick gestürzt. Welche Macht brachte mich rechtzeitig zum Sturz und rettete mich vor plötzlichem Tod? War es Zufall?

Erklärung: Die Gefahr wurde vom Unterbewusstsein erkannt und der „latente Genius" (im Volksmund „Schutzengel" genannt) wirkte mit solcher Wucht auf das Zentralnervensystem ein, dass ich durch die Erschütterung zusammenbrach.

Jene, welche diese Möglichkeit bezweifeln, mögen bedenken, dass starker Schrecken sogar töten kann.

Während das „niedere Selbst" mit seinen Begierden und Leidenschaften uns mehr und mehr zu Sklaven der dunkelsten und verhängnisvollsten, psychischen Elemente macht, genießen wir durch gradweise Vereinigung mit unserem göttlichen Genius den Schutz wohltätiger Mächte und es liegt lediglich an uns, Herz und Gemüt so zu läutern, dass wir für die Eingebungen und Einwirkungen unseres göttlichen Seelenteils aufnahmefähig werden und uns durch rechte Lebensführung dieses Schutzes würdig erweisen.

Maitrayana-Upanishad. (nach Deussen)

Gleichwie das Feuer brennholzlos
Zur Ruhe kommt an seinem Ort
So kommt, betätigungslos, auch
Der Geist an seinem Ort zur Ruh',
Sobald an seinem Ort Manas
Zur Ruhe kommt, weil wahr sein Wunsch:
Doch wenn die Dinge es blenden,
Ist unwahr er, werkuntertan.

(Das höchste, geistige Prinzip (Purusha) wird durch das Denken (Manas) an das Irdische gefesselt.

Das niedere Mamas (cittam) sollte deshalb zur Ruhe gebracht werden.)

Gesinnung ist der Samsara,
Sie soll man reinigen mit Fleiß:
Wie du gesinnt bist, so bist du, —
Ein Rätsel und doch ewig wahr!
Der Gesinnung Zur-Ruh-kommen
Hebt gutes Werk und böses auf;
Wer, ruhig selbst, im Selbst feststeht.
Erlangt Glück, unvergängliches.

(Der Samsara ist das Gesetz der Wiedergeburten, verursacht durch den Wunsch nach irdischer Existenz. Dieses Streben nach irdischem Sein muss überwunden werden, damit die Einswerdung mit dem *Selbst* (*Atma*) stattfinden kann, worauf der Vollendete dem Samsara nicht mehr unterworfen ist.)

Wenn den Geist nur so anhänglich
Wie er an Sinnendinge ist,
Ebenso wäre an Brahman,
Wir würden nicht von Bindung frei!
Das Manas, sagt man, ist zweifach,
Entweder unrein oder rein,
Wenn wunschbesudelt, ist's unrein,
Rein, wenn es frei von Wünschen ist.

(Brahman ist das im ganzen All ausgebreitete höchste Geistige; gleichbedeutend mit Atma. Das unreine manas ist das niedere manas, kama manas oder cittam.)

Wer von Zerstreuung, Anhaftung
Sein Manas freimacht, regungslos,
Und so zur Manaslosigkeit
Gelangt, der geht zum Höchsten ein.
Solange hemme dein Manas,
Bis im Herzen es wird zunicht;
Das ist Wissen, ist Erlösung,
Das andere ist gelehrter Kram.

(Mit Manaslosigkeit; ist ein Zustand völliger Gedankenbeherrschung gemeint, der aber nichts mit Bewusstlosigkeit zu tun hat, sondern die Grundlage für höchste Erleuchtung bildet.

In dem Maß als das niedere Manas beherrscht wird, erwacht das spirituelle Schauen. Von tiefer, okkulter Bedeutung ist auch der Hinweis, dass das Manas seinen Hauptsitz im Herzen (also nicht im Kopf!) hat.

Wer, durch Nachsinnen reingewaschen Geistes, sich
Versenkt in Atman, was für Seligkeit der fühlt,
Das auszudrücken sind imstande Worte nicht;
Das muss im innersten Herzen man erfahren selbst.
Wasser im Wasser, Glut in Glut,
Raum im Raum nicht mehr sichtbar ist;
So auch tritt, mit dem Eingang
Des Manas, die Erlösung ein.
Das Manas also ist Ursach'
Der Bindung und Erlösung uns:
Der Bindung, am Objekt hängend;
Von ihm Freiheit Erlösung heißt.

Der heilige, vedische Vers.
Veda Janani. — Die Mutter der Veden.

Aum — das Licht des Weltalls, das allwissende und allgegenwärtige; das *Allesenthaltende*, in dessen Leib alle Gestirne kreisen; das *Selbsterstrahlende*, von welchem Sonne und Sterne ihr Licht entlehnen; dessen Erkenntnis vollkommen und unwandelbar ist, dessen Glorie die höchste ist; welches frei von Tod, das Leben des Lebens und teurer als Leben ist; welches Seligkeit jenen bringt, die es ernstlich ersehnen und das seinen wahrhaft Hingebungsvollen von allen Bedrängnissen befreit, denselben Frieden und Trost gewährt; das *Allverständige*, das alle Dinge durchdringend, jedes und alles in Ordnung und Harmonie erhält, von dem alles Existierende abhängt, der Schöpfer und Geber alles Ruhms, der Erleuchter aller Seelen und Verleiher jeglicher Seligkeit, würdig, umfasst zu werden; die *All-Erkenntnis* und *All-Helligkeit* — wir schätzen und verehren *es*, damit *es* unser Gemüt und Gewissen erleuchten möge! (Übersetzt nach Judge).